Kohlhammer

Die Autoren

Univ.-Prof. Dr. Marc Willmann leitet den Arbeitsbereich Pädagogik bei Gefühls- und Verhaltensstörungen mit dem Schwerpunkt schulische Erziehungshilfe an der Martin-Luther-Universität Halle-Wittenberg.

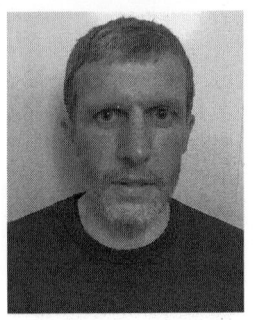

Dr. Sven Bärmig ist wissenschaftlicher Mitarbeiter im Arbeitsbereich Pädagogik bei Gefühls- und Verhaltensstörungen mit dem Schwerpunkt schulische Erziehungshilfe an der Martin-Luther-Universität Halle-Wittenberg.

Marc Willmann, Sven Bärmig

Inklusionshilfe – Exklusionsrisiko

Sonderpädagogische Bildungspraktiken zwischen Ideologie und Wirklichkeit

Verlag W. Kohlhammer

Dieses Werk einschließlich aller seiner Teile ist urheberrechtlich geschützt. Jede Verwendung außerhalb der engen Grenzen des Urheberrechts ist ohne Zustimmung des Verlags unzulässig und strafbar. Das gilt insbesondere für Vervielfältigungen, Übersetzungen, Mikroverfilmungen und für die Einspeicherung und Verarbeitung in elektronischen Systemen.

Die Wiedergabe von Warenbezeichnungen, Handelsnamen und sonstigen Kennzeichen in diesem Buch berechtigt nicht zu der Annahme, dass diese von jedermann frei benutzt werden dürfen. Vielmehr kann es sich auch dann um eingetragene Warenzeichen oder sonstige geschützte Kennzeichen handeln, wenn sie nicht eigens als solche gekennzeichnet sind.

Es konnten nicht alle Rechtsinhaber von Abbildungen ermittelt werden. Sollte dem Verlag gegenüber der Nachweis der Rechtsinhaberschaft geführt werden, wird das branchenübliche Honorar nachträglich gezahlt.

Dieses Werk enthält Hinweise/Links zu externen Websites Dritter, auf deren Inhalt der Verlag keinen Einfluss hat und die der Haftung der jeweiligen Seitenanbieter oder -betreiber unterliegen. Zum Zeitpunkt der Verlinkung wurden die externen Websites auf mögliche Rechtsverstöße überprüft und dabei keine Rechtsverletzung festgestellt. Ohne konkrete Hinweise auf eine solche Rechtsverletzung ist eine permanente inhaltliche Kontrolle der verlinkten Seiten nicht zumutbar. Sollten jedoch Rechtsverletzungen bekannt werden, werden die betroffenen externen Links soweit möglich unverzüglich entfernt.

1. Auflage 2020

Alle Rechte vorbehalten
© W. Kohlhammer GmbH, Stuttgart
Gesamtherstellung: W. Kohlhammer GmbH, Stuttgart

Print:
ISBN 978-3-17-036074-7

E-Book-Formate:
pdf: ISBN 978-3-17-036075-4
epub: ISBN 978-3-17-036076-1
mobi: ISBN 978-3-17-036077-8

Inhalt

Einleitung 7

1 Grundbegriffe und Diskurse 11

1.1	Integration und Inklusion/Exklusion	13
1.2	Integration, Inklusion und Gesellschaft: der soziologische Inklusionsbegriff	19
1.3	Integration/Inklusion in Erziehung und Bildung: der pädagogische Inklusionsbegriff	31
1.4	Erziehung und Bildung	40
1.5	Behinderung und sonderpädagogischer Förderbedarf	47

2 Theorieperspektiven 53

2.1	Materialistische Behindertenpädagogik (Wolfgang Jantzen, Georg Feuser)	60
2.2	Theorie integrativer Prozesse und ihrer Didaktik (Helmut Reiser)	71
2.3	Pädagogik der Vielfalt (Annedore Prengel)	86
2.4	Theorie der trilemmatischen Inklusion (Mai-Anh Boger)	89

3	**Forschungsstand**	**95**
3.1	Pädagogische Förder- und Forschungsparadigmen	96
3.2	Versäumnisse und methodische Schwierigkeiten der Forschung	99
3.3	Etappen der schulischen Integrations- und Inklusionsforschung	102
3.4	Entwicklungstrends und aktuelle Schlüsselthemen der Forschung	114
3.5	Offene Fragestellungen und Perspektiven für die Forschung	117

4	**Pädagogische Praktiken**	**120**
4.1	Theorie-Praxis-Relationierungen in der Sonderpädagogik	121
4.2	Pädagogisches Handeln als Inklusionshilfe und Exklusionsrisiko	124
4.3	Pädagogische Professionalisierung	137

Literatur	**149**

Einleitung

Die Frage der gemeinsamen Erziehung und Bildung von Kindern und Jugendlichen mit und ohne Behinderungen beschäftigt die Sonderpädagogik von Anbeginn, doch erst im Zuge der Bildungsreform begann sich Mitte der 1970er Jahre eine Integrationsbewegung zu formieren, durch deren Wirken das Thema in den Mittelpunkt von Profession und Disziplin gerückt wurde. Die Zwischenbilanz nach nun bald 50 Jahren schulischer Integration in Deutschland fällt allerdings eher nüchtern aus, womit sich zumindest zum Teil erklären mag, warum neuerdings ein paradigmatischer Systemwechsel von der Integration zur Inklusion ausgerufen wird.

Neu an der aktuellen Diskussion ist dabei nicht nur die Vehemenz und Absolutheit, mit der auf das Recht zum gemeinsamen Unterricht gepocht wird, sondern auch die Erweiterung des Blickfeldes: Längst erstreckt sich die Forderung nach Zugang zu und Partizipation an schulischer Bildung nicht mehr ausschließlich oder vorrangig auf sonderpädagogische Fragestellungen. Die Bezugnahme auf weitere Differenzlinien wie Armut, Geschlecht und Ethnie ermöglicht einen Schulterschluss mit anderen Diskriminierungsvariablen und erhöht damit zugleich den Reformdruck.

Gleichwohl sich in der gegenwärtigen Inklusionsdiskussion die Begriffe – und mit diesen zum Teil auch die Argumentationsweisen – verändert haben mögen, so sind die Grundfragen sowie die pädagogisch-didaktischen als auch schulorganisatorischen Herausforderungen der gemeinsamen Erziehung im Wesentlichen gleichgeblieben.

Die Analyse der Gelingensbedingungen wie auch der Barrieren und Grenzen der schulischen Integration respektive Inklusion scheint bisweilen jedoch in den Hintergrund einer zusehends emotional sehr aufgeladenen Diskussion zu treten, bei der die Pädagogik einmal mehr zum Spielball bildungspolitischer Richtungskämpfe zu werden droht.

Die zum Teil emphatische normative Forderung nach Bildungsgerechtigkeit geht sehr eng mit der Gefahr einer, schulische Inklusion als Ideologie zu zementieren, bei der die Kritik pädagogischer Selektionsmechanismen nicht hinreichend rückgekoppelt wird an die immanenten Widersprüche und die sozialen Exklusionsmechanismen in einer funktional ausdifferenzierten Gesellschaft. Die Tendenz einer pädagogischen Idealisierung und Ideologisierung von Inklusion liegt zum einen darin begründet, dass der inflationäre Gebrauch zu einer Inhaltsleere des Inklusionsbegriffs geführt hat. Zum anderen hat sich gerade in pädagogischen Fachkreisen eine weitestgehend *a-historische und a-theoretische Inklusionsdebatte* eingenistet, die zu einer Versimplifizierung von an sich hochkomplexen Fragestellungen tendiert. Die Pauschalität und Oberflächlichkeit vieler Diskussionsbeiträge verstärkt die Polarisierung von Positionen und mündet in einer Art Glaubenskrieg, bei der sich zwei gegensätzliche Konfessionen – »Inklusionisten« und ihre »Gegner« – unversöhnlich gegenüberstehen.

Vor dem Hintergrund dieser Ausgangslage zielen die vorliegenden Überlegungen zunächst auf eine soziologisch rückgekoppelte Diskussion der beiden Leitbegriffe Integration und Inklusion vor dem Hintergrund der zentralen (sonder)pädagogischen Grundbegriffe Erziehung und Bildung sowie Behinderung und sonderpädagogischer Förderbedarf (▶ Kap. 1). Auf der Grundlage dieser begriffssystematischen Vorarbeiten werden im zweiten Kapitel vier Theorielinien entfaltet und daraufhin untersucht, welchen Beitrag sie leisten können zu einer noch ausstehenden pädagogischen Theorie der Inklusion (▶ Kap. 2). Das dritte Kapitel rekonstruiert den Stand der schulischen Integrationsforschung in drei Etappen von den Anfängen bis in die Gegenwart (▶ Kap. 3). Im letzten Kapitel werden schließlich die praktischen Implikationen herausgestellt, die sich aus Theorie und Forschung für die schulische Integration und Inklusion ableiten lassen. Die pädagogischen Praktiken werden untersucht unter der Leitdifferenz von Inklusionshilfe und Exklusionsrisiken (▶ Kap. 4).

Vorwegzuschicken ist noch der Hinweis, dass sich die folgenden Ausführungen im Interesse begrifflicher und theoretischer Stringenz zu weiten Teilen auf die deutschsprachige Fach- und Forschungsliteratur begrenzen. Wir erhoffen uns davon einen Beitrag zur Schärfung der Konturen der schulischen Integrationsdiskussion in Deutschland. Es ist unser Eindruck, dass trotz der bald fünfzigjährigen Tradition die Erkenntnisse aus der Forschung sowie die theoretischen Überlegungen bislang noch nicht umfassend und systematisch aufgearbeitet worden sind. Hier drohen wichtige Erfahrungen gerade auch aus der Praxis der schulischen Integration verloren zu gehen.

Wir hoffen, mit den folgenden Ausführungen einen kleinen Beitrag leisten zu können, um insbesondere die Traditionslinien der Integrationspädagogik in Forschung, Theorie und Praxis in Erinnerung zu rufen verbunden mit der dringenden Empfehlung, die aktuelle Inklusionsdebatte in einem engeren Bezug an diese Traditionslinien zu koppeln.

Besonderer Dank gebührt an dieser Stelle Frau Hanna Preuß und Herrn Paul Abraham für die Durchsicht des Manuskripts sowie den Reihenherausgebern und dem Verlag für die Geduld, die aufgebracht wurde, um die Fertigstellung der vorliegenden Arbeit zu ermöglichen.

1
Grundbegriffe und Diskurse

»Inklusion« – ein Schlagwort verzaubert die Gegenwartspädagogik. Dabei ist das Anliegen keineswegs neu. Vielmehr verweist der inklusive Erziehungs- und Bildungsauftrag auf eine genuin pädagogische Zielsetzung: die förderliche Begleitung zur Ermöglichung von individuellem Wachstum auf dem Weg zur Autonomie und Mündigkeit.

Allerdings wird die pädagogische Verantwortung in erschwerten Lernsituationen unter den Bedingungen von Behinderungen, Beeinträchtigungen und Benachteiligungen traditionell an die Sonderpädagogik als Spezialdisziplin übertragen. Die Problemdelegation führt zu einer Ausblendung aus dem allgemeinpädagogischen Wahrnehmungshorizont und die Sonderpädagogik legitimiert nach Kräften die Arbeitsteilung durch eine Überführung schulischer Lern- und Verhaltensprobleme in ein therapeutisches Deutungsmuster.

Mit der Inklusion indes wird eine solche Arbeitsteilung – und die Pathologisierung schulischen Lernens – obsolet. In sonderpädagogischer Perspektive zielt die schulische Inklusion auf eine gemeinsame Bearbeitung sonderpädagogischer Fragestellungen und schließt gleichermaßen Schule, Unterricht und spezielle Fördermaßnahmen ein. Die zentralen Ebenen umfassen demnach die schulorganisatorische Ebene (»eine Schule für Alle«), die unterrichtsbezogene Ebene (»inklusive« Didaktik) sowie die Ebene der individuellen Förderung (darunter auch: »sonderpädagogische« Unterstützungs- und Fördermaßnahmen).

Eine der wichtigsten Grundlagen für die Begleitung inklusiver Erziehungs- und Bildungsprozesse liegt in der Ausbildung und Professionalisierung der Fachkräfte. Damit gerät schließlich die wissenschaftliche Disziplin in den Blick. Auch hier leitet sich aus der inklusiven Zielsetzung die Notwendigkeit von Veränderungen ab. Schulische Inklusion setzt eine Reform der Lehrerbildung voraus (dazu Feuser & Maschke 2013), bei der auch die etablierten Fachgrenzen einzelner Disziplinen zu hinterfragen sind. Das gilt nicht nur für die Fachdidaktiken, sondern ganz basal auch für das Verhältnis von Allgemeiner Schulpädagogik und Sonderpädagogik, denn eine Grenzziehung zwischen einer speziellen Pädagogik für »behinderte« bzw. »sonderpädagogisch förderbedürftige« Kinder und einer »allgemeinen Pädagogik« für die »Normalen« erübrigt sich in der inklusiven Lehrer*innenbildung.

Da die Idee der Inklusion zugleich auf eine umfassende Gesellschaftsreform abzielt, kann die Frage der inklusiven Erziehung und Bildung nicht losgelöst von gesamtgesellschaftlichen Entwicklungen verhandelt werden. Die pädagogische Inklusionsdebatte muss daher zwingend interdisziplinär ausgerichtet sein. Davon ist bislang recht wenig zu spüren. Das Inklusionsthema wird in der Pädagogik bislang eher in starker Selbstbezüglichkeit verhandelt. Mehr noch: auch die subdisziplinären Diskursfelder zeigen kaum gemeinsame Berührungspunkte. Inklusion wird in der allgemeinen Schulpädagogik und Bildungstheorie unter den Schlagwörtern Heterogenität und Diversität als wichtiges Reformprojekt diskutiert – unter weitestgehender

Ausblendung sonderpädagogischer Differenzkategorien. In der sonderpädagogischen Fachdiskussion spaltet die Inklusionsfrage hingegen die Disziplin (▶ Kap. 1.1.3). Dabei gibt es seit langem durchaus Bestrebungen, den Schulterschluss mit der Allgemeinen Pädagogik und Didaktik zu suchen (z. B. Feuser 1989; Eberwein 1995). Das disziplinübergreifende Anliegen der Sonderpädagogik findet bislang aber eher Gehör bei anderen Spezialdisziplinen wie der Sozialpädagogik (Balz, Benz & Kuhlmann 2012; Bretländer, Köttig & Kunz 2015).

Ausgangspunkt der folgenden Überlegungen ist der Versuch, den Inklusionsbegriff aus der innerfachlichen Isolation der sonderpädagogischen Debatte zu lösen und in den interdisziplinären Raum zu überführen. Diskutiert werden soll der inklusive Erziehungs- und Bildungsauftrag mit Blick auf sonderpädagogische Fragestellungen unter Einbezug allgemeinpädagogischer und soziologischer Perspektiven.

1.1 Integration und Inklusion/Exklusion

Größer könnte die terminologische Konfusion kaum sein: In der gegenwärtigen bildungspolitischen wie auch erziehungswissenschaftlichen Diskussion finden die Begriffe Integration und Inklusion teils synonym Verwendung, teils werden gerade die Differenzen der beiden Begriffe herausgearbeitet und mit konzeptionell und programmatisch gravierenden Unterschieden begründet. Die Debatte »gleicht einer babylonischen Sprachverwirrung«, wie mit Hans Wocken (2011, S. 59) festgestellt werden kann.

Dabei drängt im pädagogischen Diskursfeld eine geradezu polarisierende Frage in den Fokus, nämlich die, ob Inklusion und Integration der gleichen Idee folgen oder ob es sich aber um verschiedene Konzepte der gemeinsamen Beschulung im Kontext von Behinderung und sonderpädagogischem Förderbedarf handelt.

Erklären lässt sich die Polarität der Diskussion vor allem über eine starke Tendenz zu einer *a-historischen und* zugleich *a-theoretischen* Verklärung des Inklusionsbegriffs, zwei Aspekte, die ganz wesentlich zu einer falschen Dichotomisierung gegenüber dem Integrationsbegriff beitragen.

Der *Integrationsbegriff* weist im Kontext der unterschiedlichen disziplinären Diskurse höchst unterschiedliche Konnotationen auf, wie Kobi (1988) herausgearbeitet hat. Demnach findet der Begriff seinen Ausgangspunkt mit der Einführung als mathematisches Konstrukt (Integral) und findet in der Folgezeit seinen Weg über die Philosophie in die modernen Humanwissenschaften (Neurologie, Psychologie, Soziologie, Pädagogik). In der Soziologie ist der Begriff vorrangig auf die Analyse von sozialen Systemen ausgerichtet. In der Neuropsychologie und -physiologie wird die Verrechnung neuronaler Aktivitätssummen und ihre Verschaltungen in Neuronenverbänden als neuronale Integration bezeichnet, wobei in der Nosologie unter anderem neuropathogene Integrationsstörungen beschrieben werden. In der Persönlichkeits- und Entwicklungspsychologie hat sich hingegen der Begriff der psychischen Integration etabliert. Hiermit gemeint ist die gelingende intrapsychische Verarbeitung von neuen Erfahrungen und deren erfolgreiche Einbindung – auch gerade von solchen Erlebnissen, die subjektiv als belastend empfunden und als negativ bewertet werden – in das eigene kohärente Selbsterleben. Pathologische Entwicklungen zeigen sich unter anderem in personalen Desintegrationsprozessen oder auch im Rahmen sensorischer Integrationsstörungen.

Der *Inklusionsbegriff* hat vor allem in den Naturwissenschaften, der Medizin und der Mathematik seit längerem weite Verbreitung gefunden und trägt hier »weitgehend übereinstimmend« die sich aus dem lateinischen ableitende »Denotation [...] des ›Einschließens‹ bzw. ›Eingeschlossenseins‹ von Sachen« (Schweiker 2017, S. 44). In den Sozialwissenschaften hingegen hat sich in den letzten Dekaden eine »Soziologie der Inklusion und Exklusion« etabliert (Stichweh 2009), wobei sich zwei Diskursfelder unterscheiden lassen. Inklusion ist zunächst zu einem Grundtheorem der strukturfunktionalistischen

1.1 Integration und Inklusion/Exklusion

Differenzierungstheorie avanciert, wird aber zugleich in Form seiner dialektischen Negierung zu einem zentralen Referenzpunkt in der sozialwissenschaftlichen Ungleichheitsforschung.

Eine interdisziplinäre Zugangsweise unter Bezugnahme auf die unterschiedlichen Perspektiven, die sich aus differenten disziplinären Blickwinkeln auf das Inklusionsthema einstellen, ist in der pädagogischen Inklusionsdebatte bislang kaum erfolgt. Dabei bleibt zugleich unerkannt, dass unter der semantischen Oberfläche des Inklusionsbegriffs und seiner Negation das soziologische (und zugleich pädagogische) Grundthema mitverhandelt wird, ohne es explizit zu benennen: nämlich die Frage nach dem Verhältnis von Individuum und Gesellschaft, das in der Institution Schule wiederum ein sehr spezifisches ist.

1.1.1 Ausgangslage: Die pädagogische Inklusionsdebatte

Inklusion ist eine Querschnittsaufgabe der Erziehungswissenschaft (Lindmeier & Lütje-Klose 2015), die einen interdisziplinären Auftrag formuliert (Budde & Hummrich 2015, S. 38).

Für die Sonderpädagogik ist die Frage der integrativen respektive inklusiven Erziehung und Bildung konstitutiv und insofern treibt das Thema das Fach seit längerem um. In der allgemeinen Pädagogik hingegen wird dem Inklusionsthema erst in jüngster Vergangenheit größere Aufmerksamkeit zuteil (etwa: Dammer 2012; Bernhard 2015; zuletzt im aktuellen Beiheft der Zeitschrift für Pädagogik; vgl. Moser & Lütje-Klose 2016 und in der Verbandszeitschrift der Deutschen Gesellschaft für Erziehungswissenschaft; vgl. DGfE 2015).

Dabei rekurriert der allgemeinpädagogische Diskurs noch sehr viel deutlicher als der sonderpädagogische Spezialdiskurs auf ein *weites Begriffsverständnis* von Inklusion: Unter der Heterogenitätsformel werden Differenzkriterien wie z.B. Alter, Geschlecht, Ethnizität, soziale Herkunft, Religiosität usf. fokussiert – sonderpädagogische Differenzbildungen (z.B. behindert/nicht-behindert) finden dabei kaum Berücksichtigung. Der sonderpädagogischen Fachdiskussion unterliegt hingegen ein *enges Begriffsverständnis,* das sich ganz zentral um die Kontingenzformel des »sonderpädagogischen Förderbedarfs« (hinter dem sich der Leitbegriff der »Behinderung« versteckt) dreht.

1.1.2 Der Inklusionsdiskurs in der Allgemeinen Pädagogik

Bereits 2004, also noch deutlich vor der Verabschiedung der Behindertenrechtskonvention durch die Vereinten Nationen, stellen Christine O'Hanlon und Gary Thomas (2004, S. ix) fest, dass es sich beim Inklusionsbegriff längst um eine Art internationales Schlagwort handelt, dessen genaue Herkunft und enorme Verbreitung allerdings nur schwer nachzuzeichnen sind, und der aber zugleich kaum mehr aus bildungspolitischen Programmatiken und Verlautbarungen wegzudenken ist.

Nun ist seitdem die Literaturfülle noch einmal exorbitant angestiegen und allein die schiere Zahl der Veröffentlichungen ist kaum mehr zu überblicken, ohne dass allerdings eine Zunahme an begrifflicher Präzision zu verzeichnen wäre. Ganz im Gegenteil: die »Literatur zur Debatte um Inklusion wirkt erratisch und akzidentiell« (Winkler 2018, S. 33) und es »fehlen Ansätze einer Theorie, die thematische Ordnungen zumindest weisen könnte« (S. 32).

Während der Markt zunehmend überschwemmt wird von einer Vielzahl an Praxisleitfäden für eine inklusive Schulpraxis (exemplarisch: Dechow, Reents, Tews-Vogler 2013; Humbach 2013; Portmann 2013; Kluth & Danaher 2016), zeigen sich zugleich erhebliche Desiderata mit Blick auf die Theoriebildung und den Forschungsstand.

In der allgemeinen erziehungswissenschaftlichen Fachdiskussion spiegelt sich das Inklusionsthema vor allem in der Diskussion um den schulischen Umgang mit Heterogenität und Diversität wider (Klippert 2010; Faulstich-Wieland 2011; Trautmann & Wischer 2011; Budde 2013; Emmerich & Hormel 2013; Sturm 2013; Walgenbach 2017). Eine übergeordnete allgemeine Theorie der pädagogischen Inklusion liegt bislang allerdings nicht vor. Mit der rhizomatischen Analyse des Trilemmas der Inklusion hat Mai-Anh Boger (2017) allerdings unlängst eine vielversprechende Vorarbeit hierzu geliefert (▶ Kap. 2.4).

1.1 Integration und Inklusion/Exklusion

Im schulischen Kontext wird die Inklusionsfrage vorrangig unter dem Methodenaspekt betrachtet und dabei tendenziell eher in die Fachdidaktiken ausgelagert (z. B. Giest, Kaiser & Schomaker 2011; Lindner & Tautz 2018; Hochstadt & Olsen 2019; Bosse, Schluchter & Zorn 2019), kaum aber wird bisher der inklusive Erziehungs- und Bildungsauftrag zum Anlass genommen, Perspektiven der einzelnen Fachdidaktiken ineinander zu überführen. In vielen schulpädagogischen Beiträgen zum fächerverbindendenden und fächerübergreifenden Unterricht (z. B. Moegling 1998; Peterßen 2000; Caviola, Kyburz-Graber & Locher 2011) wird das Thema Inklusion bislang gar nicht aufgegriffen. In jüngster Zeit zeigt sich allerdings eine steigende gegenseitige Bezugnahme zwischen den Fachdidaktiken und der Sonderpädagogik unter der Fragestellung inklusiver Erziehung und Bildung (z. B. Amrhein & Dziak-Mahler 2014; Trumpa et al. 2014; Riegert & Musenberg 2015; Langner 2018; Frohn et al. 2019). Paradoxerweise lauert in der schulischen »Heterogenitätsorientierung« (Budde 2015) zugleich eine neue Homogenitätsfalle, bei der sich die unterschiedlichen Differenzmerkmale in der »Verschiedenheit aller« aufzuheben drohen. Unter sonderpädagogischen Gesichtspunkten drängt sich aber die Frage geradezu auf, inwieweit jedwede Differenz pädagogisch als gleichwertig zu betrachten ist und ob jegliche Abweichung tatsächlich auch in produktives Lernen überführt werden kann.

Es zeigt sich hierin einmal mehr das ungeklärte Verhältnis zwischen Allgemeiner und Sonderpädagogik. Da letztlich ungeklärt bleibt, was zum »Allgemeinen« gehört und was demnach das »Besondere« ist, strebt jedwede pädagogische Differenzierung dann nach Aufmerksamkeit. So reproduziert sich in der Pädagogik ein Stück weit das spannungsreiche Verhältnis zwischen Individuum und Gesellschaft (▸ Kap. 1.2)

1.1.3 Der Inklusionsdiskurs in der Sonderpädagogik

In der erziehungswissenschaftlichen Subdisziplin Sonderpädagogik wird indes eine scharfe Kontroverse um die Inklusionsfrage geführt.

Das Thema ist hoch explosiv und die Disziplin scheint tief gespalten in zwei verfeindete Lager (pro/contra-Inklusion). Dabei wird der Ton der Auseinandersetzung zusehends rauer und übertönt die sachlich orientierten Fachbeiträge mit wortgewaltiger Skandalisierung und Polemik.

Inhaltlich findet in der aktuellen Fachdiskussion eine Auseinandersetzung um zwei unterschiedliche Aspekte des Inklusionsthemas statt. Ein Diskussionsstrang verläuft entlang der Frage, inwieweit sich Inklusion qualitativ unterscheidet von Integration. (▶ Kap. 1.3). Der zweite Diskussionsstrang verhandelt die Frage, ob Inklusion eine »radikale« Bildungsreform impliziert, die auf einen grundlegenden Umbau des Schulsystems ausgerichtet ist oder inwiefern auch eine »moderate« Lesart des inklusiven Erziehungs- und Bildungsauftrages möglich erscheint, die an den etablierten Strukturen des Schulwesens festhält.

Formal (d. h. diskurstechnisch) sind dabei ungeachtet der verhandelten inhaltlichen Aspekte verschiedene Diskussionsstrategien auszumachen, die sich durch unterschiedliche Diskursstile charakterisieren lassen. Ein Teil des Diskurses ist gegenstandsbezogen und im Interesse am sachlogischen Austausch von Argumenten orientiert – wir nennen das den *kooperativen Diskursstil.* Die Diskussion zwischen Helmut Reiser, Alfred Sander und Andreas Hinz, veröffentlicht in einem Themenheft der Fachzeitschrift Sonderpädagogische Förderung (Heft 4/2002), gibt hierfür ein gutes Beispiel. Die Autoren positionieren sich in ihren Beiträgen sehr klar und zueinander durchaus divergent. Die von den Autoren vertretenen Positionen changieren zwischen dem Verständnis von Inklusion als einer »Perspektivenverschiebung« (Reiser) und der Vorstellung konzeptioneller Unterschiede von Inklusion als »optimierte und erweiterte Integration« (Sander), die als »theoretischer Reflex auf die Probleme der Praxisentwicklung« in der schulischen Integration betrachtet wird (Hinz). Dabei bleiben die Beiträge auf der Ebene des Diskursstils füreinander anschlussfähig, denn die gegensätzlichen Auffassungen können vertreten werden, ohne dass sich die Diskutanten gegenseitig diskreditieren müssen.

– 1.2 Integration, Inklusion und Gesellschaft: der soziologische Inklusionsbegriff

Ganz anders ausgerichtet ist der Diskursstil, in dem der Polemik freien Lauf gelassen wird und bei dem der rhetorische Kampf ein tosendes Gedonner erzeugt, in dessen Kakophonie und Platitüdenschubidu sich die Sachargumente gegenüber persönlichen Diskreditierungen und Anfeindungen im Hintergrund verflüchtigen. Dieser Diskursstil ist auf *Konfrontation* ausgerichtet. Besonders empor tun sich polemische Streitschriften zur Kritik der Inklusion, wie etwa von Speck (2010), Ahrbeck (2014), Felten (2017) und Winkler (2018); kaum weniger provokativ die Vorwärtsverteidigung vom pro-inklusiven Standpunkt (z. B. Wocken 2011; 2018; Schumann 2018).

Das ganze Spectaculum ist vollkommen nutzlos, denn es lenkt sehr viel Energie von der bevorstehenden Aufgabe ab, den inklusiven Erziehungs- und Bildungsauftrag nicht nur auszuformulieren, sondern auch konzeptionell zu konkretisieren. Was in diesem wortgewaltigen Kampf um die »richtige« Sichtweise auf Inklusion zusehends in den Hintergrund tritt, ist die dringend notwendige vertiefende Analyse struktureller Barrieren der schulischen Inklusion und eine konkrete Untersuchung der Möglichkeiten und Grenzen integrativer Prozesse in Erziehung und Bildung.

1.2 Integration, Inklusion und Gesellschaft: der soziologische Inklusionsbegriff

In der Soziologie stehen die Begriffe »Integration« und »Inklusion« in einem – nicht widerspruchsfreien – Ergänzungsverhältnis zueinander. In der Disziplingeschichte ist der soziologische Inklusionsbegriff – und mit ihm auch der Exklusionsbegriff – im Zuge einer kritischen Auseinandersetzung mit dem bereits sehr viel früher etablierten Begriff der Integration eingeführt worden.

1.2.1 Soziale Integration

Integration wird in der Soziologie unter verschiedenen Fragestellungen diskutiert. So wird etwa die Relationierung von sozialer Einheit und Differenz behandelt. Im Mittelpunkt stehen hier dann »Fragen nach dem Verhältnis von Individuum und Gesellschaft, von sozialer Differenzierung und Integration« (Peters 1993, S. 20). Dabei weist das Begriffskonzept allerdings einige Unklarheiten auf, zum einen mit Blick auf die »mangelnde Unterscheidung zwischen verschiedenen Formen der Integration«, vor allem aber hinsichtlich der »normativen Gehalte dieses Begriffs« (Peters 1993, S. 23), der auf die gesellschaftliche Ordnungsfunktion im Sinne sozialer Kontrolle hindeutet: es geht

> »[...] um die Erhaltung bestimmter positiv bewerteter Formen von Ordnung oder Integration [...]. Die positiven normativen Konnotationen – ob implizit oder explizit – von soziologischen Ordnungsbegriffen lassen sich allemal aufzeigen. Dies gilt stärker noch für die negativen Gegenbegriffe: Disintegration, disorder, disorganization, Anomie. Ordnungs- oder Integrationsbegriffe in den Sozialwissenschaften haben offensichtlich einen ›diagnostischen‹ Charakter – sie enthalten ein bestimmtes normatives Element, eine implizite oder explizite Vorstellung von ›gelingender‹ oder ›mißlingender‹ Vergesellschaftung« (Peters 1993, S. 24).

Seit der Einführung des Integrationsbegriffs durch Herbert Spencer Ende des 19. Jahrhunderts werden unterschiedliche gesellschaftliche Integrations-Desintegrationsdynamiken unter verschiedenen Perspektiven diskutiert (Hüpping & Heitmeyer 2015, S. 127). Dabei haben sich zwei Hauptlinien in der Theoriekonstruktion herausgebildet, die von Lockwood (1964) als *Sozial- versus Systemintegration* bezeichnet worden sind. Sozialintegration beschreibt dabei das nicht-additive Zusammenfügen von Teilen zu einer umfassenderen Einheit (Hüpping & Heitmeyer 2015, S. 127), Systemintegration die Wiederherstellung des Ganzen durch Zusammenspiel seiner Teile (Zwengel 2014, S. 201).

Nicht-additiv meint, dass sich qualitative Veränderungen sowohl auf der Ebene des integrierenden Gesamtsystems einstellen als auch auf der Ebene der zu integrierenden Elemente oder Subsysteme. Dabei

1.2 Integration, Inklusion und Gesellschaft: der soziologische Inklusionsbegriff

führt der Prozess der Ausbildung eines integrativen Systems als System höherer Ordnung zugleich zu neuen Interdependenzen, da die Selbständigkeit und Unabhängigkeit der integrierten Elemente oder Teilsysteme (wir könnten auch von Personen sprechen) herabgesetzt wird. Insofern ist »Integration [...] immer mit Dedifferenzierung verbunden« (Klaus & Buhr 1971, S. 539) und befindet sich in einem dialektischen Spannungsverhältnis zur Desintegration.

Kobi (1988) greift die Dialektik von Integration und Desintegration auf und stellt sie schematisch als polare und exklusive Gegensatzpaare dar (▶ Abb. 1).

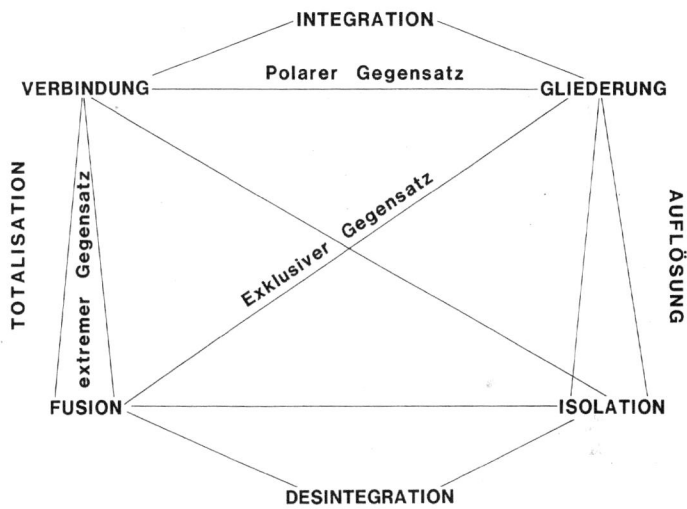

Abb. 1: Schema von Integration/Desintegration als Gegensatzpaar (Kobi 1988, S. 55)

Diese noch recht abstrakten Überlegungen stellen an die konkrete soziale Praxis der Integration den Auftrag zur »Eingliederung, insbesondere Akzeptierung eines Individuums in seiner Gruppe« (Lautmann 1994, S. 303). Die Bereitschaft zur Akzeptanz wiederum setzt einen breiten Konsens voraus (Epskamp 1994, S. 303), der sich

1 Grundbegriffe und Diskurse

letztlich als Wertkonsens erweist. Insofern ist eng mit dem Spannungsverhältnis zwischen Integration und Desintegration der Begriff der *Solidarität* verbunden, der nach der »Substanz der Gemeinschaftlichkeit« (Hüpping & Heitmeyer 2015, S. 127), also letztlich danach fragt, »was die Gesellschaft zusammenhält«.

In dieser Sichtweise verweisen die beiden Aspekte – Solidarität und Integration – auf »universalistische Prinzipien, die den sozialen Zusammenhalt in der Gesellschaft befördern« (Deppe-Wolfinger 2002, S. 53). Dabei meint Solidarität »die eigene und fremde Interessen ausbalancierende wechselseitige Verbundenheit der Menschen jenseits von Macht und Herrschaft. Integration zielt auf egalitäre Wertschätzung und Förderung von Menschen gleicher und unterschiedlicher Ausprägung ab« (S. 51).

Allerdings, so lautet die kritische Diagnose der Gegenwartsgesellschaft, deuten alle Zeichen auf ansteigende Desintegrationstendenzen des Sozialen, wobei die empirische Aufarbeitung dieser Tendenzen »das ganze Ausmaß der dramatischen Entwicklungen nur unvollkommen abbilden können, da diese in der Regel in vollem Ausmaß erst *zeitversetzt* aufbrechen« (Heitmeyer 1997, S. 9).

Die These von der Universalität bedarf daher einer kritischen Ergänzung zu den Desintegrationskräften und der Frage, was die Gesellschaft »auseinandertreibt« (Heitmeyer 1997). Diese Frage spielt bei Habermas (1981) eine zentrale Rolle, der die Unterscheidung zwischen Systemintegration und Sozialintegration aufgreift. Unter Systemintegration versteht er die institutionelle Überformung der Lebenswelt, gebunden an spezifische Medien (systemisch: Kommunikation) wie Geld (Wirtschaftssystem), Bildung/Schulabschlüsse (Bildungssystem), Gesundheit/Leistungsfähigkeit (Gesundheitssystem). Dabei überlagern diese Medien die Lebenswelt und ihre auf gegenseitiges Verständnis angelegte Aushandlung von Prozessen. Habermas (1981) spricht von einer »Kolonisation der Lebenswelt«, die sich nicht gegen diese Überformung wehren kann.

In der Pädagogik tritt dieser Aspekt exponiert im Bereich der Sozialen Arbeit zutage, denn hier wird explizit die Frage verhandelt, ob Systemintegration zu leisten ist oder Sozialintegration, wobei hier

1.2 Integration, Inklusion und Gesellschaft: der soziologische Inklusionsbegriff

zugleich die »politische Ökonomie« ausgeblendet wird, die sich dann hinterrücks einschleicht, weil man sie nicht erkennt. Dieser Gedanke taucht bei Kastl (2012) wieder auf, der diesen Aspekt für die Schule reformuliert. Es zeigt sich ganz nebenbei: Gesellschaftstheorie ist theoretisch wie auch historisch in der Sozialpädagogik und Sozialen Arbeit verankert (Brunkhorst 1989). In der Schul- wie Sonderpädagogik sind diese soziologischen Ableitungen schultheoretisch bislang kaum auch nur angedacht worden. Zu den wenigen Ausnahmen gehören die theoretischen Überlegungen von Fend (1980; 2006) und Kiper (2013), in deren soziologischen Analysen sich diese gegenläufigen Integrationsrichtungen zumindest andeuten. Sehr viel deutlicher wird hier Lothar Böhnisch (2019), der in seiner sozialen Theorie der Schule unlängst herausgestellt hat, wie die soziale Idee und mit dieser auch die Entstehung der modernen Schule heranreift im »Rahmen des Grundkonflikts zwischen kapitalistischer Ökonomie und menschlicher Entfaltung, zwischen dem ökonomischen Verwertungsinteresse und der Selbstentfaltung und Mündigkeit des Menschen« (Böhnisch 2019, S. 9).

Der vorherrschende Mangel an theoretisch fundierten Analysen von Schule und Schulpädagogik ist vor allem darauf zurückzuführen, dass mit dem schulischen Erziehungs- und Bildungsauftrag eher die positive Seite der Individualisierung (»Autonomie«, aber auch »Leistungsfähigkeit« und »Leistungsbereitschaft«) herausgestellt wird, während die Soziale Arbeit sehr viel deutlicher den Aspekt der (Re-)Integration in die Gesellschaft betont. Das »doppelte Mandat« der sozialen Arbeit (Böhnisch & Lösch 1973) findet eine Entsprechung im schulischen Selektionsauftrag, unter dem sich auch die Logik der sonderpädagogischen Hilfs- und Kontrollfunktion subsumiert, die gleichermaßen darauf zielt, Erziehungs- und Bildungsbarrieren abzubauen, um individuelle Aneignungsprozesse und Wachstum zu fördern – und zugleich Verhaltensnormierung produziert um Anpassung zu erreichen.

Folgt man der Tyopligie von Imbusch und Rucht (2005, S. 60), die vier theoretische Zugangsweisen zur Frage der sozialen Integration (wertbezogene, vertragsorientierten, funktionalistischen und konfliktorientierten Perspektive) unterscheiden, so scheinen für die Pädagogik die erst- und die letztgenannte Perspektive von herausgehobener Bedeutung, da in diesen zum einen die Herstellung einer solidarischen Wertgemeinschaft und zum anderen auf die Anerkennung von Differenz als integrative Zielsetzungen formuliert werden. Genau dieses pädagogisch hochrelevante Theoriegebäude der *sozialen* Integration im Rahmen einer sich normativ vereinigenden Solidargemeinschaft wird im Zuge der Differenzierungstheorie mit der Einführung der Inklusions-/Exklusions-Theoreme erheblich ins Wanken gebracht.

1.2.2 Inklusion/Exklusion

Der Inklusionsbegriff wird in der zeitgenössischen Soziologie als Gegensatzeinheit zum Exklusionsbegriff diskutiert. Dabei entfaltet sich die soziologische Begriffsbildung entlang zweier unterschiedlicher Diskurslinien: der differenztheoretischen Perspektive steht – bis dato nahezu berührungsfrei – die Perspektive der Ungleichheits- und Armutsforschung gegenüber. Eine jede der beiden Perspektiven bietet einen spezifischen Zugang zur Inklusions-/Exklusionsthematik. Während mit dem eher empirischen Zugang durch die Ungleichheitsforschung die Einbindung von Personen in soziale Systeme bzw. ihre Ausgrenzung aus diesen in den Fokus genommen wird, untersucht der differenztheoretische Ansatz die Bezugnahme von Systemen auf Personen. Es wird also hier ein eher topographischer Aspekt betont, der eine Art »Inklusionsraum« von einem »Exklusionsraum« abgrenzt, bei dem Partizipation und Teilhabe als Positionierung einer Person »im« oder »außerhalb« eines Systems betrachtet werden. Dort wird hingegen der operative Aspekt fokussiert, wodurch die kommunikative Adressierung von Personen durch Systeme zum Gegenstand der Betrachtung erhoben wird.

– 1.2 Integration, Inklusion und Gesellschaft: der soziologische Inklusionsbegriff

1.2.3 Inklusion und Exklusion aus Sicht der Differenztheorie

Der Integrations- und Soildaritätsbegriff wird im Rahmen der Differenzierungstheorie ersetzt durch den Begriff der *Inklusion*. Eingeführt wurde der Inklusionsbegriff Anfang der 1970er von Talcott Parsons. Der Begriff bezeichnet den »Einbezug von Gesellschaftsmitgliedern in gesellschaftliche Teilsysteme durch umfassende Partizipationsrechte im Zuge von Modernisierungsprozessen« (Burzan 2014, S. 198).

In der Weiterentwicklung erfährt der Inklusionsbegriff im Rahmen der konstruktivistischen Systemtheorie von Niklas Luhmann eine erhebliche Wendung. Im Kontext des Autopoiese-Konzepts werden gesellschaftliche Funktionssysteme in ihrer gegenseitigen Abgrenzung durch operative Schließung definiert, wobei die Inklusions-/Exklusionsdifferenz in diesem Modell ausschließlich die Frage temporärer Kopplungen »an den Kommunikationszusammenhang gesellschaftlicher Teilsysteme« (Nassehi & Nollmann 1999, S. 133) markiert und nicht etwa die »Integration von Menschen durch geteilte Normen und Werte« (ebd.). In differenztheoretischer Perspektive wird die Adressabilität der Person zum relevanten Indikator:

> »Inklusion/Exklusion bezeichnet nicht Einschluss/Ausschluss von Menschen von oder aus sozialen Kontexten, sondern definiert kommunikative Strukturen, durch die ›Menschen‹ als mehr oder minder relevant für soziale Systeme markiert werden« (Fuchs 2016, S. 397).

Nicht Integration und Solidarität, sondern Inklusion bildet demnach die Interpretationsfolie für die differenztheoretische Analyse:

> »Die Theorie funktionaler Differenzierung der Gesellschaft faßt das Problem des Verhältnisses von Individuum und Gesellschaft nicht mehr in Termini gesellschaftlicher Integration. Weder postuliert sie ein Persönlichkeitssystem als Teilsystem eines allgemeinen Handlungssystems, noch geht sie davon aus, gesellschaftliche Integration sei dann gelungen, wenn Individuen mit all ihren Aspirationen, Interessen und Bedürfnissen in die Gesellschaft integriert wurden. Nicht mehr normative Kohärenz und kulturelle Solidarität bilden den analytischen und normativen Fokus der Analyse, sondern die Frage, wie ge-

sellschaftliche Kommunikation auf Individuen zugreift und wie sich Individuen im Geflecht des funktional differenzierten Gesellschaftssystems vorfinden« (Nassehi & Nollmann 1999, S. 133).

Die differenztheoretische Gesellschaftsdiagnose verweist auf eine Paradoxie: Einerseits gibt es in der Gegenwartsgesellschaft gar keine Positionen mehr außerhalb der Gesellschaft, andererseits erzeugt Inklusion notwendigerweise Exklusion, denn »Einschluss wird stets mit neuem Ausschluss beantwortet« (Schroer 2001, S. 43). In der funktional differenzierten Gesellschaft ist also »nicht Integration der Normalfall, sondern Desintegration« (Farzin 2006, S. 44). Niemand partizipiert omnipotent an allem, zugleich aber wird jede Person von verschiedenen Funktionssystemen vielfach adressiert. Dieser Umstand wird als »multiple Partialinklusion« (Burzan 2014, S. 198) oder auch »Multiinklusion« (Nassehi & Nollmann 1999, S. 136) beschrieben. Teilinklusion *und* Teilexklusion wird die »normale Lebenslage«, in der sich »drinnen« *und* »draußen« gleichsam verbindet (► Abb. 2). Anders ausgedrückt: Die beiden Analyseebenen von Inklusion und Exklusion sind miteinander dialektisch verschränkt.

Inklusion						Exklusion
Totalinklusion	Räumliche Inklusion (Selbstexklusion)	Kumulierende Inklusion	Teilinklusion/ Teilexklusion	Kumulierende Exklusion	Räumliche Exklusion (Zwangsinklusion)	Totalexklusion
vollständiges Aufgehen in Funktionssystemen (FS)	- gated communities - gentrifikation	Zugang zu allen FS, relativ stabile Teilnahmechancen, mehr »drinnen« als »draußen«	als normale Lebenslage (sowohl »drinnen« als auch »draußen«)	abnehmende Teilhabe an allen FS, mehr »draußen« als »drinnen« - Langzeitarbeitslose - Obdachlose	- Gefängnisse - Asyle, Ghettos - Segregation	Vernichtung
Personen						Körper
Unsichtbarkeit			Sichtbarkeit			Unsichtbarkeit

Abb. 2: (Un-)Sichtbarkeiten von Inklusion/Exklusion; entnommen aus: Schroer (2001, S. 44)

1.2 Integration, Inklusion und Gesellschaft: der soziologische Inklusionsbegriff

Da aber in differenztheoretischer Betrachtung die antonymische Differenz von Inklusion/Exklusion (Fuchs 2016, S. 398) betont wird, verliert der Inklusionsbegriff seine analytische Präzision genau in dem Moment, in dem er nicht mehr als Gegensatzeinheit zum Exklusionsbegriff Verwendung findet (Lanwer 2015). Allerdings: Wenn nun aber die Moderne nur noch »inkludierende Exklusion und exkludierende Inklusion« hervorbringt, weil letztlich »alle Exklusion [...] innergesellschaftlich und insofern Inklusion [ist]« (Stichweh 2009, S. 38), stellt sich die durchaus berechtigte Frage, welchen heuristischen Wert die Theorie haben mag, wenn sie so gar nicht (mehr) in der Lage scheint, die real existierenden gesellschaftlichen Einschluss- und Ausschlusspraktiken zu berücksichtigen, in denen reale Personen, also Menschen, tagtäglich, strukturell und systematisch aus bestimmten Systemen (z. B. vom gemeinsamen Unterricht an der Regelschule) exkludiert und aber in andere Systeme (z. B. separate Lernorte wie Förderunterricht und Sonderschule) zwangsinkludiert werden. Es stellt sich schließlich die Frage, welche konkreten Systeme die jeweilige Person adressieren oder nicht adressieren bzw. in welchen Systemen diese Person partizipativ eingeschlossen oder aber von welchen sie ausgeschlossen ist.

Interessanterweise hatte Niklas Luhmann unter den persönlichen Eindrücken, die er bei Besuchen in den brasilianischen Favelas gewann, seinen systemtheoretischen Exklusionsbegriff revidiert (vgl. dazu: Leisering 2004; Meyer 2012), sodass je nach Früh- oder Spätwerk verschiedene Interpretationen der Inklusions/Exklusionsdifferenz in Luhmannscher Fassung angemessen scheinen.

Auch erweist sich die Systemtheorie nicht als die einzige Referenztheorie für die Dialektik von Inklusion und Exklusion. Farzin (2006) etwa kommt in ihrer Dissertation zu »drei zentralen Lesarten«: einer systemtheoretischen, einer differenzierungstheoretischen und einer kommunikationstheoretischen.

Wohlgemerkt findet der Exklusionsbegriff erst vergleichsweise spät und sozusagen durch die Hintertür Eingang in die differenztheoretische Argumentation. Anders herum ist Exklusion von Beginn an einer der zentralen Leitbegriffe der Ungleichheits- und Armutsforschung.

1.2.4 Exklusion aus Sicht der Ungleichheitssoziologie

Im Kontext der Ungleichheitsforschung ist Exklusion zu einem Schlüsseltheorem avanciert, mit dem die »soziale Frage« neu verhandelt wird.

> »Arbeitslosigkeit und Armut treten heute vor dem Hintergrund einer historisch bislang einmaligen Phase der institutionellen Einbindung der arbeitenden Bevölkerung in diese Gesellschaften und des materiellen Wohlstandes auf. Damit verschiebt sich die traditionelle ›soziale Frage‹ und stellt sich auf neue und zugespitzte Weise als Problem der Teilhabe an (bzw. des Ausschlusses von) den gesellschaftlich realisierten Möglichkeiten des Lebensstandards, der politischen Einflussnahme und der sozialen Anerkennung, kurz: als Problem der Exklusion« (Kronauer 2010, S. 13).

Die Frage ungleicher Sozialstrukturen behandelt eines der Schüsselthemen der Gesellschaftswissenschaften, das auf ein mehr als 150-jähriges Forschungsprogramm zurückblicken kann (Müller & Schmid 2003, S. 8). Die ungleichheitstheoretische Analyse der Gegenwart beschreibt die »horizontale Spaltung der Gesellschaft in einen inneren Normalbereich und einen desintegrierten Exklusionsbereich [...], die das klassische vertikale Strukturierungsschema ›oben/unten‹ überlagern« (Farzin 2015, S. 122).

Mit sozialer Ungleichheit wird »die für spezifische Gruppen unterschiedliche Zugangschance zu erstrebenswerten Gütern und sozialen Positionen innerhalb einer Gesellschaft« (Georg 2002, S. 567) beschrieben, wobei zwischen zwei Ausprägungsformen unterschieden wird: der Verteilungs- und der Chancenungleichheit (Hradil 2016, S. 250). Beide Formen führen zu sozialer Benachteiligung, wobei sie in negativer Wechselwirkung kumulieren können, wie etwa in Hinblick auf Armut (Huster, Boeckh & Mogge-Grotjahn 2018) und Bildungsungleichheit (Becker & Lauterbach 2016) im Sinne einer neuen »Bildungsarmut« (Quenzel & Hurrelmann 2019) intensiv erforscht wurde.

Dabei erweisen sich allerdings sowohl die Operationalisierung wie auch die Interpretation relevanter Ungleichheitsdeterminanten als äußerst schwierig:

1.2 Integration, Inklusion und Gesellschaft: der soziologische Inklusionsbegriff

»Soziale Ungleichheit weist in modernen Gesellschaften ein erhebliches Maß an Diskontinuierlichkeit auf – Schwellen und Brüche, die sich nicht alle auf ein Vorteils- oder Nachteilskontinuum bringen lassen. Die Qualitäten der Einzelpartizipationen einer Person lassen sich schwerlich auf einen einheitlichen Maßstab hin verrechnen« (Schwinn 2019, S. 41).

Trotz – oder gerade wegen – der enormen Vielzahl an empirischen Befunden der Ungleichheitsforschung und der Theorietraditionen (Burzan 2011) ist es der Ungleichheitssoziologie bis in die Gegenwart nicht gelungen, eine vereinigende Metatheorie zu entwerfen. Darin wiederum unterscheidet sie sich deutlich von der differenztheoretischen Perspektive.

1.2.5 Perspektiven für eine Theorie-Integration

Die beiden Ansätze verkörpern zwei soziologische Richtungen, die bis dato weitestgehend unvermittelt nebeneinander bestehen. Den Differenzierungsansätzen fällt es augenscheinlich schwer, Exklusion als Außenseite der Inklusion herauszuarbeiten und der vorrangig empirisch orientierten Ungleichheitsforschung kann mit Schwinn (2006, S. 1283) ein »Zustand theoretischer Orientierungslosigkeit« attestiert werden. Die bisherige schnittmengenfreie Koexistenz dieser beiden Soziologien liegt in den unterschiedlichen Theorietraditionen begründet, in denen sie jeweils verwurzelt sind (Schwinn 2006, S. 1284), und eine gegenseitige Bezugnahme scheint nur sehr zögerlich stattzufinden (Schwinn 2004; 2019). Der tiefe Graben, der bislang schier unüberwindbar erscheint, führt entlang der axiomatischen Grundlegungen der beiden theoretischen Ausrichtungen:

»Die Differenzierungstheorie geht von einer Ungleichartigkeit der Ordnungen oder Teilsysteme aus, die Ungleichheitsanalyse dagegen von einer Ungleichwertigkeit von sozialen Lagen. Entsprechend dieser völlig unterschiedlichen Anfangsunterscheidungen verläuft die historische wie systematische Entfaltung der zwei Theorieperspektiven in ganz verschiedene Richtungen. Ungleichwertigkeit von Lebenslagen lässt sich nicht aus der Ungleichartigkeit von Ordnungsprinzipien ableiten wie auch umgekehrt« (Schwinn 2019, S. 33).

1.2.6 Grenzen des analytischen Wertes von Inklusion und Exklusion

Die Uneindeutigkeit von »Exklusion« wirft schließlich die Frage auf, inwieweit der Begriff überhaupt eine analytisch nützliche Kategorie darstellt, gerade weil er in der »Heterogenität seiner Verwendungsweisen [...] eine große Bandbreite verschiedener Situationen bezeichnet, wobei das Besondere der jeweiligen Situation verwischt wird. Anders gesagt, Ausschluss ist kein analytischer Begriff« (Castel 2000, S. 11).

Dabei erweist es sich nicht nur als Problem, wenn versucht wird, ganz unterschiedliche Phänomene wie etwa Langzeitarbeitslosigkeit, Schulformzuweisungen oder Behinderung unter einen Begriff fassen zu wollen. Ebenso schwer wiegt die Feststellung, dass bei der Verhandlung der Begriffe von Inklusion und Exklusion die Thematik des Ausschlusses zunehmend verschwindet zugunsten des Teilhabebegriffs. Hiermit geraten dann insbesondere auch die sozialen Ursachen aus dem Blick (was erzeugt Armut?). Stattdessen werden nun Fragen von Zugehörigkeiten und Individualisierungsprozesse fokussiert anstatt gesellschaftlicher Herrschafts- und Machtverhältnisse (Steinert 2004).

Die Folge ist nach Castel (2000) eine Bekämpfung der Individuen statt der strukturellen Bedingungen, weil dies den verfügbaren Mitteln des Sozialstaates entspricht. Betroffene können als Zielgruppen bestimmt werden, für die dann Wiedereingliederungsprogramme zu entwerfen sind, und in der individualistischen Zuschreibung von Ursachen wird die Vermittlung im sozialen Zusammenhang eher verwischt. Exklusion ist insofern weder willkürlich noch zufällig (Castel 2000, S. 21), auch nicht in der Schule.

1.3 Integration/Inklusion in Erziehung und Bildung: der pädagogische Inklusionsbegriff

In der pädagogischen Fachdiskussion ist zu beobachten, wie der Integrationsbegriff seit den 1980er Jahren allmählich aus dem sonderpädagogischen Kontext »auswandert« und stattdessen zusehends »zur Beschreibung von Migrationsproblematiken« dient (Moser 2017a, S. 19). Seit Ende der 1990er Jahre schließlich dominiert dann der Inklusionsbegriff, ohne allerdings den Integrationsbegriff vollkommen zu substituieren. Begleitet wird der Begriffswechsel durch den Oberbegriff der Heterogenität »als gemeinsamer Begriff der Geschlechter-, Migrations- und Behinderungsbezogenen Integrationsforschung« (ebd.).

Fragen der gemeinsamen Erziehung und Bildung bei Behinderungen, Beeinträchtigungen und sozialer Benachteiligung wurden seit den 1970er Jahren also zunächst unter dem Begriff der Integration diskutiert. Der Inklusionsbegriff hält erst vergleichsweise spät Einzug in die Pädagogik. Die Salamanca-Erklärung der UNESCO (1994) sowie die Behindertenrechtskonvention der Vereinten Nationen von 2006 können als wichtige Wegmarken betrachtet werden, die zu einer weltweiten Verbreitung des Inklusionsbegriffs in der Pädagogik beigetragen haben.

1.3.1 Der pädagogische Integrationsbegriff

Wie bereits ausgeführt (▶ Kap. 1.2) beschreibt Integration das Ziel und den Prozess der Anpassung der Heranwachsenden an die Gesellschaft, der in der Sozialisationstheorie in einem Spannungsverhältnis zur Individuation gesehen wird (Hurrelmann & Bauer 2018, S. 23). Erziehung und Bildung können entsprechend als der (pädagogische) Versuch verstanden werden, diesen spannungsreichen Prozess zu begleiten und die Widersprüchlichkeit auszubalancieren. Folgerichtig gilt die Integrationsfunktion auch als eine der zentralen gesellschaftlichen Aufgaben der Schule (Fend 2006). Integration kann daher gleichzeitig in Bezug auf die gesamtgesellschaftliche Ebene als soziologischer Grundbegriff und zugleich im spezifischen Kontext der Erziehung und Bildung als grundlegender *pädagogischer Begriff* interpretiert werden.

Zudem ist Integration implizit eine Art pädagogisch-didaktisches Grundprinzip, wie Kobi (1988, S. 57) feststellt, denn

> »der Sache nach beschäftigen sich Pädagogen allerdings schon wesentlich früher mit Fragen einer ganzheitlichen Erziehung und Bildung. Die Differenzierungen im Schulwesen – konfessioneller, geschlechtlicher, altersmäßiger, rassistischer, leistungsmäßiger etc. Art – weckten immer wieder integrative Gegenkräfte [...]. Unter Bezeichnungen wie Ganzheitlicher, Erlebnis-, Gemeinschafts-, Gesamt-Unterricht, Exemplarisches Lehren und Lernen etc. war Integration nicht nur in ihrer sozialen, sondern auch in ihrer personalen [...] Bedeutung ein durchgehendes Anliegen pädagogischer Reformbestrebungen.«

Die Aneignung des Integrationsbegriffs in der Disziplingeschichte der Pädagogik erweist sich allerdings als eine sehr spezielle. Historisch ist der Begriff doppelt belegt: zum einen in der Bezugnahme auf die schulische Nichtaussonderung bei »Behinderungen« (neudeutsch: »sonderpädagogischem Förderbedarf«), zum anderen auf »Ausländerkinder« (Kinder mit »Migrationshintergrund« in der politisch korrigierten Sprachfassung der Gegenwart).

In der sozialwissenschaftlichen Forschung sind beide Foki eher getrennt voneinander betrachtet worden: Integrationsforschung war lange Zeit sowohl ein Teilgebiet der sonderpädagogischen Forschung als auch ein Teilgebiet der Migrationsforschung, ohne aber dass eine regelhafte Verbindung zwischen den beiden Forschungsgebieten hergestellt oder gar ein übergeordnetes Rahmenkonzept von Integrationsforschung entwickelt worden wäre.

Auch in der Erziehungswissenschaft wurden die beiden Themenschwerpunkte – fast durchgängig – arbeitsteilig bearbeitet durch die Sonder- und Integrationspädagogik auf der einen und die Ausländer- und interkulturelle Pädagogik auf der anderen Seite. Dieses Nebeneinander hält bis in die Gegenwart an: So findet sich beispielsweise im aktuellen Klinkhardt Lexikon Erziehungswissenschaft (Horn et al. 2012) unter dem Schlagwort »Integration« jeweils ein eigener Eintrag zu den Themen »Integration und Behinderung« sowie »Integration und Migration«.

In die Diskurspraxis der Pädagogik drängt der Integrationsbegriff verstärkt im Zuge der bildungspolitischen Reformdebatten in den 1960/70er Jahren (Semmerling 2001, S. 741). Als zentraler Streitpunkt kristallisierte sich in dieser Zeit das bis in die Gegenwart kontrovers diskutierte Konzept der Gesamtschule als integrative Schulform heraus. »Integration« bezog sich allerdings auf die Zusammenführung der verschiedenen Schulformen der Haupt- und Realschule sowie des Gymnasiums, nicht aber auf die »Sonderschule als vierte Säule des damaligen Schulwesens«, was nach Eberwein (2018, S. 35) als »Konstruktionsfehler« zu betrachten ist.

In einem engeren Begriffsverständnis etablierte sich der Integrationsbegriff in der Pädagogik im Zuge der aufkommenden Integrationsbewegung der 1970er Jahre, angestoßen durch die ersten Elterninitiativen (Schnell 2003). Unter dem Leitbegriff einer »Integrationspädagogik« entsteht schließlich auch in der akademischen Pädagogik – vorrangig allerdings in einer ihrer Teildisziplinen: der Sonderpädagogik – eine wissenschaftliche Schwerpunktbildung, die sich mit Fragen des gemeinsamen Unterrichtes von Kindern mit und ohne Behinderungen in einer Schule für alle Kinder beschäftigt.

Bei Annedore Prengel (1993) findet sich allerdings schon früh der Versuch, die interkulturelle mit der Behindertenpädagogik zusammenzuführen, wobei sie – geradezu weitsichtig – gar nicht auf den Integrationsbegriff als Leitbegriff ihrer Pädagogik der Vielfalt zurückgreift (▸ Kap. 2.3).

Für das Verständnis von sozialer Integration im Kontext der Sonderpädagogik arbeitet Kobi (1988, S. 61) grundlegende Gegensätze heraus (darunter die Pole »Prozess versus Zustand«, »Methode versus Ziel« sowie »individuale versus soziale Angelegenheit«), die in einer Dichotomie resultieren, bei der ein melioratives (und somit »seinsveränderndes«) Verständnis abgegrenzt wird von einem koexistentiellen (und insofern »seinsbestätigenden«) Verständnis von Integration. Die Begriffsanalyse führt zu der Feststellung, dass

> »Integration keine Methode, kein Heilverfahren darstellt, das nach irgendwelchen Erfolgskriterien evaluiert [...] werden könnte«; vielmehr beschreibe der Begriff »eine Lebens- und Daseinsform (hier im speziellen Fall zwischen Behinderten und Nichtbehinderten) [...], für die oder gegen die sich die Gesellschaft und deren Untersysteme (wie schulische Institutionen z. B.) *entscheiden* können und die daher als solche situativ und temporal auch frei wählbar bleiben muß« (Kobi 1988, S. 62; kursiv i.O.).

1.3.2 Der pädagogische Inklusionsbegriff

Mehr noch als der Begriff der Integration ist Inklusion gegenwärtig zu einem sozialpolitischen Leitbegriff avanciert, der gerade aufgrund seiner »Unschärfe und theoretischen Unterbestimmtheit eine breite Projektionsfläche bietet« (Willmann 2017a, S. 91) für alle möglichen Hoffnungen auf und Erwartungen an eine gerechtere und humanere Gesellschaft, die allen Menschen gleiche Teilhabechancen und Partizipationsmöglichkeiten eröffnet. Es zeigt sich in der bildungspolitischen und fachwissenschaftlichen Diskussion um einen »pädagogischen« Inklusionsbegriff eine erstaunliche Selbstbezüglichkeit, bei der andere Diskursfelder weitestgehend ausgeblendet werden.

Der Inklusionsbegriff verweist (wie im Übrigen auch jener der Integration) auf unterschiedliche Diskursfelder der gesellschaftlichen Praxis. Inklusion beinhaltet – unter anderem – eine Rechtsnorm sowie das Programm einer Schul- und Bildungsreform bzw. im weitesten Sinne das Ziel einer Gesellschaftsreform und eben auch einen pädagogischen Auftrag. Dabei ist Inklusion eingeflochten in einen ethisch-normativen Begründungszusammenhang. Insofern trägt der Inklusionsbegriff eine Vielzahl unterschiedlicher (juristischer, sozial- und bildungspolitischer, ethisch-moralischer sowie pädagogischer und gesamtgesellschaftlicher) Implikationen, wobei in der pädagogi-

1.3 Integration/Inklusion in Erziehung und Bildung

schen Inklusionsdebatte die einzelnen Ebenen und Diskurslinien oft nicht hinreichend klar voneinander getrennt verhandelt werden. Es bleibt dabei auch durchaus fraglich, ob Inklusion überhaupt ein pädagogisches Konzept beschreibt. Eine erziehungstheoretische Grundlegung der Inklusion steht bislang jedenfalls noch aus. Eine solche müsste in jedem Fall aber die unterschiedlichen Diskurslinien zum Inklusionsbegriff berücksichtigen. Zudem ist die Frage bislang kaum gestellt worden, inwieweit mit dem Inklusionsbegriff überhaupt ein sinnvoller pädagogischer Begriffsapparat bereitsteht.

In der gegenwärtigen inklusionspädagogischen Debatte (▶ Kap. 1.1.1) jedenfalls werden bildungspolitische Zielsetzungen und bildungsrechtliche Grundfragen miteinander verschmolzen zu einer vagen Idee von inklusiver Erziehung und Bildung, die sich vor allem in einem ethischen Imperativ begründet sieht, ohne dass eine theoretische Grundlegung erfolgt wäre. Das macht die inklusionspädagogische Debatte insgesamt sehr anfällig für politische Instrumentalisierung und in der Folge für eine Ideologisierung (Kluge, Liesner & Weiß 2015). Genau hier setzen Einwände an, die vor allem aus soziologischer Perspektive formuliert werden.

Bereits die Einführung des Inklusionsbegriffs in die pädagogische Fachdiskussion ist kritisch zu betrachten. Bis zur Salamanca-Erklärung der UNESCO (1994) finden sich nur vereinzelte Publikationen, in denen *inclusion* erwähnt wird (z. B. Pearpoint 1989; Pearpoint, Forest & Snow 1992; Rogers 1993). In der Folgezeit wird der Idee von *inclusive education* in der fachwissenschaftlichen Öffentlichkeit zunehmend Aufmerksamkeit zuteil – zunächst in der nordamerikanischen (z. B. Stainback & Stainback 1996) und englischen (Pijl, Meijer & Hegarty 1997; Booth & Ainscow 1998) Fachliteratur und schließlich – mit einiger Verzögerung – dann auch im deutschsprachigen Raum (zuerst: Boban 2000; Hinz 2000).

Die Einführung des Inklusionsbegriffs in die Fachdiskussion in den 1990er Jahren ist in erster Linie ein Projekt einiger nordamerikanischer und britischer Erziehungswissenschaftler, die auch maßgeblich an der Salamanca-Erklärung mitgewirkt haben. Die Bezugssysteme bei der Einführung des Konzepts von *inclusive education* sind also vor allem die Schulsysteme in den USA, Kanada und im Vereinigten Königreich. Die differenzierte integrationspädagogische Diskussion im deutschsprachigen Raum wird in dieser Diskussion indes nicht berücksichtigt (vgl. kritisch dazu: Biewer 2000).

Hier setzt auch eine zentrale Kritik bei der Übernahme des Inklusionsbegriffs an:

> »Durch die Art und Weise, wie der Begriff ›Inklusion‹ ins Fach eingeführt und in Widerspruch zur Integration gesetzt wird, gerät er in ahistorischer Weise der Funktion nach zu einem Euphemismus und einer Ersetzungsformel« (Feuser 2006, S. 279).

Im deutschsprachigen »Handbuch Integrationspädagogik« (erste Auflage: Eberwein 1988) wird der Inklusionsbegriff erst mit der sechsten Auflage in einem Beitrag von Ernst Begemann aufgegriffen. Die Einführung des Begriffs in der überarbeiteten Fassung seines Handbuchartikels erläutert Begemann (2002, S. 126; *kursiv* i.O.) wie folgt:

> »Den Titel habe ich gegenüber früheren Auflagen um *inclusion* erweitert. Der Begriff ist in der Bundesrepublik kaum bekannt, obwohl er international gebräuchlich ist [...]. Das neue Wort *inclusion* kann man mit *Einbeziehung* übersetzen. Es meint, dass es im Schulsystem nicht erst zur Aussonderung von Menschen mit speziellen Erziehungsbedingungen kommen müsste. Integration steht dann für die andere Situation: Es gibt schon die separaten Einrichtungen. So verstanden, stehen beide Worte für organisatorische Lösungen [...].«

Neben der Frage nach dem Förderort sei aber auch die Frage nach den Methoden impliziert:

> »Das Wort *inclusion* signalisiert die Notwendigkeit einer Auseinandersetzung mit den Vorstellungen und Methoden der Förderung wie der unterrichtlichen Möglichkeiten. Eine weitere Aufgabe ergibt sich: Darüber nachzudenken, was ›sonder‹-pädagogisch im Unterschied zu pädagogisch sein kann.« (Begemann 2002, S. 128; *kursiv* i.O.).

Wie wir noch sehen werden, ist in der Folgezeit sehr einseitig die Frage nach dem Förderort in den Mittelpunkt gerückt worden; der

1.3 Integration/Inklusion in Erziehung und Bildung

Methodenfrage und den hiermit zusammenhängenden Aspekten wurden in der Inklusionsdebatte hingegen deutlich weniger Aufmerksamkeit zuteil.

Trotz zum Teil erheblich divergierender Sichtweisen lassen sich mit Biewer (2000) aus dem Diskussionsstand der 1990er Jahre einige Gemeinsamkeiten inklusiver Pädagogik ableiten. Zentrale Punkte des Konzeptes der »*inclusive school*« sind demnach:

»1. Die Verschiedenheit der Schüler stellt den Ausgangspunkt des Schulkonzepts dar und wird als positiver Wert angesehen.
2. Behinderung ist nur ein Aspekt der Verschiedenheit der Schüler neben geschlechtlicher, ethnischer, kultureller, rassischer, religiöser und sozialer Verschiedenheit.
3. Als ›inclusive school‹ ändert die Schule ihre Arbeitsweise grundlegend, um dieser Verschiedenheit gerecht zu werden.
4. Die Veränderungen betreffen insbesondere die Gestaltung von Lehr- und Lernprozessen, aber auch die Organisationsform der Schule.
5. Die Umgestaltungen zur ›inclusive school‹ erhöhen die Effektivität der Schule für das Lernen aller Schüler« (Biewer 2000, S. 152).

Die Frage, inwieweit der Inklusion gegenüber der Integration tatsächlich ein verändertes Verständnis von Erziehung und Bildung zugrunde liegt, ist umstritten (vgl. den kurzen Überblick bei: Textor 2018, S. 31 ff.). Zumindest auf der Ebene der Theoriebildung lassen sich keine wesentlichen Unterschiede zwischen integrations- und inklusionspädagogischen Ansätzen erkennen (▸ Kap. 2).

Forderungen nach einer De-Institutionalisierung (Abschaffung separater Lernorte wie Sonderschulen und Förderklassen) und Dekategorisierung (Wegfall sonderpädagogischer Behinderungskategorien) – in der Konsequenz führt beides zur Aufhebung der Sonderpädagogik bzw. deren Öffnung und Überführung in die Allgemeine Pädagogik – wurden bereits vor dem Aufkommen der Inklusionsdiskussion von Vertretern der Integrationspädagogik erhoben (z. B. Feuser 1989; Eberwein 1995).

Diese Forderungen lassen sich mit Blick auf den Forschungsstand – zumindest tendenziell – nicht nur normativ präskribieren, sondern auch gut empirisch begründen, denn schulische Förderung in separaten Lernumgebungen ist gegenüber der schulischen Integration nicht grundsätzlich überlegen, sondern ganz im Gegenteil: In der Summe sprechen die Ergebnisse der schulischen Integrations- und Inklusionsforschung eindeutig für die gemeinsame Erziehung (▶ Kap. 3).

Der Versuch einer theoretischen Rechtfertigung dieser Forderungen, wie er vor allem von Andreas Hinz immer wieder vorgetragen wurde, scheint allerdings fragwürdig. Hinz stellt die Behauptung auf, dass die Integrationspädagogik auf einer »Zwei-Gruppen-Theorie« beruhe, die weiterhin nach der sonderpädagogischen Differenzbildung (behindert/nicht-behindert) operiere und dass diese Differenzbildung erst durch Inklusion überwunden werden könne. Dabei – und hier bricht die logische Argumentation zusammen – entwickelt Hinz sein »theoretisches« Verständnis von Inklusion explizit aus der kritischen Abgrenzung von den Fehlentwicklungen in der Praxis der schulischen Integration (Hinz 2002).

Wie Textor (2018, S. 32) zudem feststellt, ist eine solche Dichotomisierung von Integration versus Inklusion auch programmatisch keineswegs angemessen, da es bereits innerhalb der Integrationspädagogik sehr unterschiedliche Standpunkte auszumachen sind, wie etwa die Position von Georg Feuser (1989), der schon früh die Unteilbarkeit der Integration betont hatte. Es ist also irreführend, wenn die Praxiskritik mit der Ebene der Theoriebildung gleichgesetzt und zugleich auch die differenzierte fachwissenschaftliche Kontroverse erheblich verkürzt abgebildet wird.

Schließlich ist aber auch die Forderung nach der Überwindung der sonderpädagogischen Differenzbildung damit nicht begründet, denn die Forderung nach Dekategorisierung wird nicht theoretisch hergeleitet, sondern axiomatisch gesetzt.

1.3.3. »Inklusionspädagogik«: soziologische Einwände

Was im Getose des polemischen Widerstreits zwischen einigen Protagonisten der sonderpädagogischen Fachszene unterzugehen droht,

1.3 Integration/Inklusion in Erziehung und Bildung

ist die grundlegende Kritik, die vor allem aus der Soziologie an die Pädagogik herangetragen wird und die seitens der »Inklusionspädagogik« bislang nicht diskursiv aufgegriffen worden ist, wohl auch aus dem Grund, dass die Scharmützel mit den innerfachlichen Kritikern einen erheblichen Teil der Energie binden.

Im Kern richtet sich diese Kritik gegen die stark moralisierende Legitimationsstrategie bei theoretischer Unterbestimmung des Inklusionsbegriffs in der Pädagogik und zugleich weitestgehender Ausblendung gesellschaftlicher Realitäten, insbesondere mit Blick auf soziale *Exklusions*phänomene (z. B. Kronauer 2013; Fuchs 2016; Dammer 2012; Harant 2016). Dabei führt die bedingungslose Affirmation von Inklusion insbesondere im Schulsystem zu einer Fehlsichtigkeit: Statt die dialektische Verschränkung von Inklusion und Exklusion als sich gegenseitig markierende Gegensatzeinheiten theoretisch zu reflektieren, arbeitet sich die Inklusionspädagogik seit Anbeginn ab an dem Versuch einer kategorialen Abgrenzung gegenüber der Integration. Dabei erzeugt das weitverbreitete Bild von Inklusion als »verbesserte und optimierte Integration« (Sander 2006, S. 52) eine falsche Dichotomie. Aus soziologischer Sicht steht »Inklusion« nicht für ein anderes Konzept oder Programm und auch nicht für eine andere Philosophie oder gar eine neue Pädagogik, sondern der Begriff bezieht sich auf Adressierungsfragen und Zugangsweisen: Inklusion ermöglicht den Zugang zu sozialen Kontexten und stellt somit eine Grundvoraussetzung für Integration. Die soziologische Unterscheidung zwischen System- und Sozialintegration verdeutlicht zudem: »man kann inkludiert sein, aber schlecht integriert« (Kastl 2012, S. 6), womit zugleich der Prozesscharakter von Integration herausgestellt wird (▶ Kap. 2.2.1).

Bei alldem scheint die Inklusionspädagogik stark ideologieanfällig. Sie ist längst Spielball bildungspolitischer Interessen und wird parteipolitisch instrumentalisiert. Und wie bereits viele andere »Pädagogiken« zuvor erkennt sie nicht recht die eigenen strukturellen Beschränkungen und die Grenzen des erzieherischen Handelns. In ihrer Selbstwirksamkeitsüberzeugung verkennt die Inklusionspädagogik die eigene Einbindung in das gesamtgesellschaftliche Gefecht und

»wendet sich idealistisch-appellativ gegen exkludierende Praktiken einer vom ökonomischen Nutzenkalkül beherrschten Gesellschaft, arbeitet dieser faktisch jedoch zu, indem sie die Möglichkeit einer pädagogischen Problemlösung im Rahmen der gegebenen sozialstrukturellen Verhältnisse suggeriert« (Kluge, Liesner & Weiß 2015, S. 10).

1.4 Erziehung und Bildung

In sonderpädagogischer Perspektive verbinden sich im Thema der schulischen Inklusion Grundfragen der Pädagogik mit dem besonderen Blickwinkel auf schulische Erziehungs- und Bildungsprozesse unter den Erschwernissen von Behinderungen, Beeinträchtigungen und Benachteiligungen. Die Eigenheiten und Paradoxien des Pädagogischen erscheinen in der Sonderpädagogik noch einmal extrapoliert, was sich bereits auf der terminologischen Ebene zeigt.

Der Erziehungsbegriff ist nach Jürgen Oelkers (1985, S. 43) ein »Deutungs- und Kontraktionsbegriff«, der dabei hilft, die Komplexität und Pluralität des Erziehungsgeschehens auf »scheinbar Eindeutiges« zu reduzieren, damit überhaupt eine Verständigung möglich wird. Gleiches kann für den Bildungsbegriff behauptet werden. In diesem Sinne erscheint das pädagogische Begriffsinventar regelrecht »unscharf« und insofern findet »pädagogisches Denken [...] im Ungefähren statt. Es erscheint instabil, ein Wissen im Prozess, diskursives Wissen, in welchem Verständigung über Erziehung stattfindet« (Winkler 2006, S. 46).

Da aber auch sonderpädagogische Leitbegriffe wie »Behinderung« und »sonderpädagogische Förderbedürftigkeit« Kontraktionen darstellen, nimmt die Unschärfe sogar noch zu, obwohl der Blickwinkel fokussiert erscheint.

Ein maximales Maß an Unschärfe wird offenbar in der gegenwärtigen Inklusionsdebatte erreicht, in der sich das (sonder)pädagogisch Ungefähre durch unterschiedliche Auffassungen über die Ziele und

Umsetzung von »Inklusion« noch einmal in einer Form verdichtet, die kaum mehr die Komplexität des Themas abzubilden vermag und schließlich in einer binären pro-/contra-Rhetorik kondensiert. Aber auch die Unterscheidung zwischen den beiden pädagogischen Grundbegriffen »Erziehung« und »Bildung« ist keineswegs so klar, wie der Alltagssprachgebrauch es nahelegen könnte. Hier wird Erziehung meist mit der pädagogischen Einflussnahme von Eltern auf ihre Kinder verstanden, während Bildung eher mit der Aneignung schulischer Lerninhalte assoziiert ist. In der fachwissenschaftlichen Auseinandersetzung der akademischen Pädagogik (die in ihrem begrifflichen Selbstverständnis schwankt zwischen einer Erziehungs- und einer Bildungswissenschaft) wird der gegenseitigen Abgrenzung beider Begriffskonzepte viel Energie gewidmet.

Der in diesem Zusammenhang häufig angebrachte Verweis auf den angloamerikanischen Sprachraum, in dem nur der Begriff »*education*« vorkomme und die daraus resultierende Schlussfolgerung, dass eine begrifflich-konzeptionelle Differenzierung zwischen Erziehung und Bildung in anderen Sprachen kaum existiere (z. B. Gudjons & Traub 2016, S. 207), ist allerdings trügerisch, wie etwa der Blick in die slawischen Sprachen zeigt (Hörner 2010; unter Verweis auf Lemberg 1963).

1.4.1 Erziehung

Auch wenn Winfried Marotzki (2006) in seinem Wörterbuchartikel die Vernachlässigung des Erziehungsbegriffs konstatiert, plädiert er am Ende dafür ihn nicht zu verabschieden, sondern »im Sinne eines kritischen, rationalen planbaren und verantwortbaren Handlungskonzeptes, das sich selbst seiner Grenzen bewusst ist, aufrechtzuerhalten« (Marotzki 2006, S. 151). Das hält auch Andreas Gruschka (1988, S. 256) für die wichtigste Aufgabe wissenschaftlicher Reflexion der Pädagogik, Aufklärung über die Aporien der Erziehung. Es ist also Aufgabe der Pädagogik die Grundbegriffe der Pädagogik kritisch zu reflektieren.

Vielleicht lässt sich mit Bernfeld (1973) am besten die grundlegende Perspektive beschreiben und Erziehung als ein sozialer Prozess von allgemeiner Geltung, als gesellschaftliche Antwort auf die »Naturtatsache [...] der ontogenetischen Entwicklung« (Bernfeld 1973, S. 49) verstehen. Erziehung gibt es nach Bernfeld nur dort, wo Kindheit in (Erwachsenen-)Gesellschaft abläuft. Das wiederum hat zwei Voraussetzungen: eine biologische und eine soziale, aber auch eine Einschränkung. Das Kind als Abstraktum hat in unterschiedlichen Gesellschaften jeweils einen zugewiesenen Platz. Es gibt Institutionen dafür, Einstellungen, Anschauungen. »Die Erziehung ist danach die Summe der Reaktionen einer Gesellschaft auf die Entwicklungstatsache« (S. 51) und damit eine »gesellschaftliche Maßnahme gegenüber Kindern« (S. 52). Dem gegenüber ist nach Bernfeld das, was die Pädagogik Erziehung nennt, eine bewusste, im engeren Sinn so zu bezeichnen, ein Spezialfall, dessen Funktion zu untersuchen ist. Aber: der Pädagogik wird nicht geglaubt, dass die Aufgaben, die sie sich als Erziehung setzt, auch ihre wirkliche gesellschaftliche Funktion darstellen (S. 53). Veränderungen wie Kinderzimmer, Kinderkleidung, Einstellungen sind Resultat des gesamtgesellschaftlichen Zusammenhangs, in dem auch Erziehung stattfindet, und diese stehen in Verbindung zum wirtschaftlichen Produktionsprozess. Versteht man Bernfelds Beschreibungen als Metapher für die historisch vorangegangenen Initiationsriten, bedenkt die Wichtigkeit der Schule als wesentliche Sozialisationsinstanz, dann wird schnell klar, dass Pädagogik um Erziehung nicht umhinkommt.

Erziehung ist im Verhältnis von Zwang und Freiheit eingespannt. Gesellschaftlich wird oft Anpassung verlangt, Kritik daran ist auf die möglichst unbeeinflusste Entwicklung des Individuums ausgerichtet. Beide Seiten sind nicht von der gesellschaftlichen Entwicklung und mit ihr die Entstehung und Veränderung von Kindheit, Jugend, institutionalisierter Erziehung und Bildung zu trennen. Auch Arbeitsverhältnisse und ihre Auswirkungen auf Familien, Erziehungsmöglichkeiten bzw. -notwendigkeiten spielen eine wichtige Rolle.

Die Struktur der Erziehung fasst Marotzki (2006, S. 149) unter drei exemplarische Fragen:

1.4 Erziehung und Bildung

Wer soll erziehen? – Neben die Eltern, die mit der Geburt die »Allzuständigkeit« für das Kind haben, treten zunehmend professionelle und damit institutionell eingebundene Erziehungspersonen. Zu erwähnen ist Bernfelds »Naturtatsache« der Entwicklung auch hier, weil – wie oben angedeutet – die biologische Verfassung des Menschen Pflege, Schutz und Gestaltung verlangt. Wichtig erscheint hier zudem der Hinweis der kritischen Gesellschaftstheorie auf den sozialen Zwangszusammenhang, dem das Individuum ausgesetzt ist. Individuen sind auf Sozialität angewiesen, haben aber zunächst keinen Einfluss, in welche sie hineingeboren werden, sie sind »seitlich hineinversetzt« (Jantzen 2001a, S. 88) in einen historischen Raum von Kultur, Denken und Sprache, hineingeworfen. Der pädagogische Grundgedankengang der Generationalität findet sich hier wieder. Das heißt aber auch, Vermittlung ist angesagt, was für Marotzki die Antwort auf die Frage nach »Warum Erziehung?« ist.

Wer soll erzogen werden? – Die scheinbare Eindeutigkeit der Antwort, Kinder, wird im Laufe der individuellen Ontogenese immer unklarer und ist nicht zuletzt auf Grund der gesellschaftlichen Veränderungen unsicherer geworden. Wenn selbst die Pädagogik keine Antwort darauf hat, wird es schwierig. Auch hier gibt es die Verknüpfung mit dem »Warum«, da der Prozess von der Unmündigkeit hin zur Mündigkeit umstritten ist, wie weiter unten anhand des Bildungsbegriffs noch einmal deutlich werden wird. Beide Begriffe – Erziehung *und* Bildung – haben mit Bürgerrechten, Zwang und Herrschaft zu tun und das führt zwangsläufig zu der Frage, »wie« erzogen werden soll und welches die gesellschaftlichen Funktionen von Erziehung (und Bildung) sind.

Welche Absichten/Intentionen und Ziele gibt es? – In der notwendigen Unterscheidung von Absichten und Wirkungen von Erziehung erscheint die Nicht-Tehnologisierbarkeit der Pädagogik, denn eine Kausalität zwischen Intention und Wirkung kann nur in seltenen Fällen festgestellt werden (▶ Abb. 3), während erzieherische Wirkungen von ganz unterschiedlichen Dingen und Prozessen ausgehen, am eindrücklichsten wohl von den »Medien«. Das hat auch einen ethischen Aspekt, der unter dem bereits benannten Spannungsfeld von Freiheit und Zwang zu diskutieren ist.

1 Grundbegriffe und Diskurse

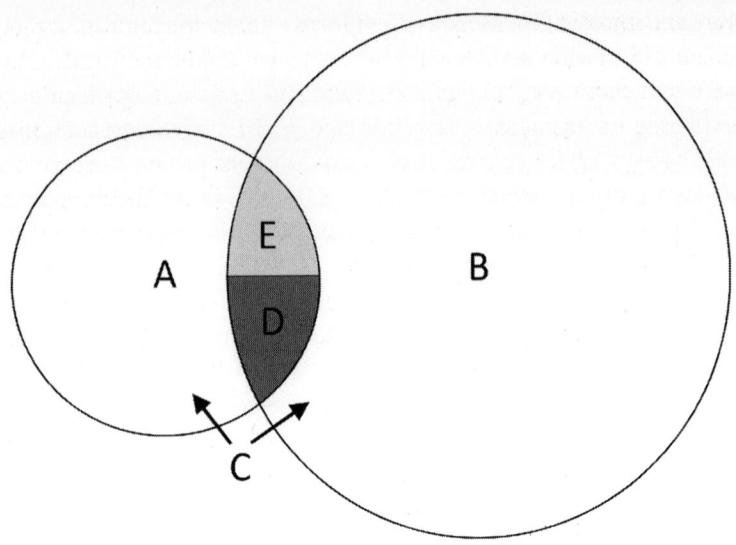

Erläuterungen:
A: Universum der Handlungen, die eine erzieherische *Absicht* verfolgen
B: Universum der Geschehnisse und Tatbestände, die eine erzieherische *Wirkung* zur Folge haben
C: Vereinigungsmenge bzw. logische Summe von A und B
D: *Zufälliges* Zusammentreffen von ›Absicht‹ und ›Erfolg‹
E: *Zufallsfreies* Zusammentreffen von ›Absicht‹ und ›Erfolg‹

Abb. 3: Idealtypisches Modell eines handlungstheoretischen Erziehungsbegriffs (Heid 1994, S. 58)

1.4.2 Bildung

Die heranwachsende Generation soll in einem mehrjährigen Prozess zur individuellen Selbstständigkeit zu einem Punkt geführt werden, die Institution hinter sich lassend, »sich zum Subjekt setzen« (Koneffke 2006, S. 32). Dieser Prozess als vielfältige Auseinandersetzung mit der sozialen und dinglichen Welt lässt sich mit Bildung kennzeichnen. In ihrem gesellschaftlichen Bezug kann Bildung unter der Prämisse der Mündigkeit als individuelle Vernunft begriffen werden. Sind die gesellschaftlichen Institutionen vernünftig, ermöglichen sie Mündigkeit, folgen sie aber der Logik instrumenteller Vernunft, dann gerät diese Zielsetzung aus dem Blick. Darin ist auch Schule und damit auch Bildung gefangen. Bildungstheoretisch lässt sich das als Widerspruch von Bildung und Herrschaft beschreiben (Heydorn 1972). Mündigkeit und Bildung in ihrer Verzerrung zu erkennen bleibt Aufgabe der kritischen Reflexion in der Pädagogik, die Sorge um die Ausgestoßenen ist der Humanitätsanspruch, der bei Koneffke (2006) mit Mündigkeit zusammenhängt.

Der Bildungsbegriff ist nach Andreas Gruschka (2001) – ähnlich dem Erziehungsbegriff – so allgemein geworden, dass in der Ausweitung Belanglosigkeit droht. Die Schule als zentrale Instanz verliert dabei den privilegierten Zugang zur Welt und die Fähigkeit zur Kritik, und das obwohl sie doch die zentrale Sozialisationsinstanz darstellt, allein an Zeiterfahrung innerhalb der Institution Schule. Bildung ohne Gebildete wird hingegen zum »musealen Ereignis«, trägt aber zugleich eine Entlastungsfunktion für den Einzelnen. Dabei bleibt in der Fachkultur das »Allgemeine« häufig unterrepräsentiert. Nichtwissen und Naivität werden belohnt, jedenfalls als nicht problematisch verstanden. Individuelle Aneignung und die Zueignung werden ersetzt durch Technik und bleiben ohne Reflexion. Das ist auch zu finden in einem Kommunikationsbruch zwischen den Generationen und der Aushandlung über Erziehungsziele, die Bildung als Aufgabe entsorgt. Motive, Formen und Resultate der Aneignung werden mit den Absichten und Gegenständen der Vermittlung nicht mehr gegeneinandergestellt, die Behandlung der Inhalte fällt aus. Damit verliert Bildung ihre »Glaubwürdigkeit als Problemlöseinstanz« (Gruschka 2001, S. 635).

Nach Ursula Stinkes (2010) scheint insbesondere die »Geistigbehindertenpädagogik« – und wie wir ergänzen würden wohl die gesamte Sonderpädagogik – gefangen zwischen Bildungstheorie und zugeschriebener Bildungsunfähigkeit. Der zugrundeliegende Bildungsbegriff ist zu allgemein, um ihn im Kleinen aufzuschlüsseln und auf alle Schüler*innen und jegliche Bildungssituationen zu übertragen. Diesem Gedanken lässt sich entgegnen, dass die zentrale

Aufgabe bestehen bleibt, denn der Mensch strebt danach, »so viel Welt, als möglich zu ergreifen, und so eng, als er nur kann, mit sich zu verbinden«, wie es Wilhelm von Humboldt 1793 in seiner »Theorie der Bildung des Menschen« ausformuliert hat (Humboldt 2017, S. 6).

Wenn aber die Lehrkräfte nicht mehr die Kraft haben, sie zu definieren, ihre Organisation in Formen zu übersetzen, dann wird die Lage hoffnungslos. Ohne Lehr- und Lernformen, ohne Umgangsweisen von Lehrer*innen und Schüler*innen, mit denen es zu einer ernsthaften Arbeit an der Sache kommen kann, werden alle pädagogischen Anstrengungen vergeblich bleiben müssen (Gruschka 2001, S. 637). So kann plädiert werden »für eine allgemeine Lösung« anstatt für eine »Nische« (S. 638). Die Institution, und damit gemeint ist die Schule, aber nicht als Gymnasium, muss an der Verwirklichung gegen alle Widerstände festhalten. Selbst an der deformierten Halbbildung, weil sie wenigstens den Hinweis auf Bildung noch transportiert. Verschiedentlich nimmt Gruschka (2015) auch auf Martin Wagenschein Bezug, der »Verstehen« als »Menschenrecht« beschreibt (Wagenschein 1969) und hieraus die didaktische Aufgabe von Schule und Lehrkräften ableitet, allen Kindern und Jugendlichen das »Verstehen [zu] lehren« (Wagenschein 1965; 1970).

Bei Blankertz (1982, S. 306) wird die offene Lernfähigkeit des Menschen (Bildsamkeit) unter der Zielsetzung der Mündigkeit als »Eigenstruktur der Erziehung« gesehen. Bildungsprozesse können jedoch nur zur Mündigkeit befähigen, wenn sie Allgemeinbildung und spezifisches Fachwissen immer wieder aktuell aushandeln und nicht als kulturelle Tradition still stellen. Das gilt im Sinne der Inklusionsdiskussion für Alle.

In der Verknüpfung von Erziehung und Bildung könnte als »Programm« allgemein formuliert werden, dass mit der Freiheit die Forderung der Aufmerksamkeit einhergeht, »die Entwicklung, die Bildung des anderen zu verfolgen, weil wir aus dem durch uns erzeugten Zwangsverhältnis heraus verantwortlich für sie sind« (Winkler 2006, S. 285).

Das gilt umso mehr für die »Anderen«, die aus den schulischen Unterrichtsangeboten exkludiert und an der Teilhabe an gemeinsamen Erziehungs- und Bildungsprozessen behindert werden.

1.5 Behinderung und sonderpädagogischer Förderbedarf

Die spezifischen Problemlagen der schulischen Erziehung und Bildung, die unter dem Oberbegriff Sonderpädagogik verhandelt werden, sind mit den Begriffen »Behinderung« und »sonderpädagogischer Förderbedarf« – allerdings recht unpräzise – markiert. Dabei unterscheiden sich die beiden Begriffe in ihrer Reichweite: Während Behinderung sich auf alle gesellschaftlichen Teilbereiche bezieht, wie gerade in der Behindertenrechtskonvention sehr deutlich wird (VN-BRK 2008), fokussiert die Terminologie des sonderpädagogischen Förderbedarfs ausschließlich auf den schulischen Bereich. Eine Gemeinsamkeit beider Begriffsoptionen zeigt sich in ihrer sozialrechtlichen Herkunft.

Die wachsende Kritik am Behinderungsbegriff hat schließlich zu dessen Ablösung als Leitbegriff der Sonderpädagogik geführt. Doch mit der Einführung einer veränderten Semantik ist das konzeptionelle Problem nicht gelöst worden; auch die sprachliche Neufassung als »sonderpädagogischer Förderbedarf« folgt einer vorrangig individualisierenden Sichtweise und die Ausdifferenzierung in unterschiedliche sonderpädagogische Förderschwerpunkte hält die traditionelle klassifikatorische Logik der sonderpädagogischen Fachrichtungen aufrecht – im neuen Sprachgewand unter Vermeidung des Behinderungsbegriffs.

1.5.1 Behinderung

Der Behinderungsbegriff ist relativ jung. Seine »neuzeitliche medizinisch-sozialrechtliche« Wurzeln findet er in der Krüppelfürsorge zu Beginn des 20. Jahrhunderts und seine »Ausweitung zu einer universalen Kategorie« erfolgt 1961 mit der Einführung der Eingliederungshilfe für Behinderte im Bundessozialhilfegesetz (Bleidick 2001, S. 60).

In der Folgezeit erlangt der Behinderungsbegriff »eine herausragende Bedeutung als abstrakte Generalisierung« (Lindmeier 1993, S. 28) und etabliert sich in unterschiedlichen gesellschaftlichen Teilbereichen (Gesundheits- und Fürsorgesystem sowie Erziehungs- und Bildungssystem) und wissenschaftlichen Disziplinen (Medizin, Jurisprudenz, Soziologie, Psychologie und Pädagogik).

Das medizinisch dominierte Verständnis von Behinderung, wie es unter anderem in der ersten *Internationalen Klassifikation der Funktionsfähigkeit und Behinderung* der WHO (1980) zum Ausdruck kommt, wurde insbesondere durch kritische soziologische Betrachtungen hinterfragt. Zu dieser Zeit formiert sich aus der Behindertenbewegung heraus das Forschungsgebiet der *Disability Studies*, das über eine kulturgeschichtlich-kritische Perspektive den sozialen Konstruktionscharakter von Behinderung betont (Zola 1982; Oliver 1995; Waldschmidt 2003; Köbsell 2012). Die antagonistische Gegenüberstellung eines medizinischen Modells, das das individuelle Defizit in den Mittelpunkt stelle, und eines sozialen Modells, mit dem der soziale Konstruktionscharakter betont werde, ist in dieser Dichotomie allerdings nicht ganz zutreffend (Kastl 2017, S. 47).

In die Erziehungswissenschaft wird der Behinderungsbegriff durch die Sonderpädagogik eingeführt. Mit dem Versuch einer Systematisierung hat vor allem Ulrich Bleidick in seiner 1972 erschienenen »Pädagogik der Behinderten« die Fachdiskussion für zwei Dekaden geprägt. Die in der Folgezeit wachsende Kritik an der pädagogischen Adaption des Behinderungsbegriffs bündelt Otto Speck (1988) in seinem Lehrbuch »System Heilpädagogik«.

Nicht zuletzt haben die Kritik an den konzeptionellen Schwächen des Behinderungsbegriffs und das Fehlen einer einheitlichen übergeordneten Definition sowie die unzureichende pädagogische Relevanz schließlich zu einem Begriffswechsel beigetragen.

»Behinderung« erweist sich als relativer und zugleich relationaler Begriff, wie Lindmeier (1993) herausgearbeitet hat. Die Relativität des Begriffs ergibt sich aus dem Umstand, dass die Folgen einer Behinderung individuell verschiedenartig und die subjektive Wahrnehmung daher ganz unterschiedlich sein kann (Cloerkes 2007, S. 9 f.). Der

1.5 Behinderung und sonderpädagogischer Förderbedarf

Behinderungsbegriff ist zugleich relational, weil er immer nur in der Abgrenzung zur Konstruktion von Normalität gedacht werden kann. Der Begriff verweist darauf, »dass etwas nicht geht, von dem man erwartet, dass es geht« (Weisser 2005, S. 10). In die Differenzbildung (»behindert« versus »nicht-behindert«) ist also die Dialektik von Normalität/Anormalität inskribiert (Link 1996; Schildmann 2001). Dabei trägt der Behinderungsbegriff durchgängig negative Konnotationen mit sich (Dederich 2017, S. 48).

Neben diesen konzeptionellen Schwächen stellt sich für die Erziehungswissenschaft die grundlegende Frage nach den pädagogischen und didaktischen Implikationen. Kann Behinderung überhaupt als pädagogische Kategorie gefasst werden? Bietet das Phänomen eine hinreichende Anschlussfähigkeit für Theorie und Forschung der Pädagogik sowie das erziehungspraktische Handeln? Und falls ja, mit welchen Implikationen?

Wie die Geschichte der Sonderpädagogik zeigt, ist es dabei nicht unerheblich, welches Verständnis von Behinderung zugrunde gelegt wird. Aus der Zuschreibung von Behinderung als Eigenschaft der Person resultieren unter anderem Überlegungen zu einer sonderpädagogischen Anthropologie, und in einer solchen sieht sich die Idee einer behindertenpädagogischen Didaktik begründet, die bisweilen spezielle, an den behindertenpädagogischen Klassifikationssystematiken sowie der Institution Sonderschule orientierte Unterrichtsmethoden zu entwickeln versucht hat (exemplarisch Kluge 1976).

Es zeigt sich deutlich, wie die Sonderpädagogik als Profession und Disziplin operiert: Die Entwicklung spezifischer Leitkategorien (einst: »Behinderung«, heute: »sonderpädagogischer Förderbedarf«) erzeugt eine semantische Klammer, innerhalb derer die eigene Klientel konstruiert und akquiriert werden kann (Moser 2003). Und die Sonderpädagogik hält selbst in der gegenwärtigen Diskussion über schulische Inklusion an der Semantik und einer über diese sich legitimierende Abgrenzung gegenüber der Allgemeinen Pädagogik fest (Weisser 2017).

Die *soziale* Dimension des Behinderungsbegriffs verweist indes auf die System- und Prozessebene: nicht die Person »ist« behindert, sondern behindert wird das Gelingen von Aneignungsprozessen in Erziehungs- und Bildungssituationen. Der pädagogisch-didaktische Auftrag liegt demnach nicht in der Behinderung als Wesensmerkmal begründet, und es lässt sich auch kein spezieller Erziehungs- und Bildungsauftrag bei Behinderung ableiten. Die Aufgabe liegt vielmehr darin, die Behinderungen in den Erziehungs- und Bildungsprozessen zu überwinden.

Aus dem sozialen Modell folgend lässt sich allgemein formulieren: Behinderung entsteht erst im Verhältnis von Individuum und Gesellschaft, weil das »behindert sein«, also etwa Blindheit, ein Arm, Epilepsie, für die einzelne Person »Normalität« darstellt und »behindert werden« die ungenügende Antwort der Gesellschaft darauf ist. Es wäre auch vorstellbar, dass Blindheit nicht auffällt. Trotzdem bleibt das an den individuellen Körper gebunden, weil es eben nicht *gleich*gültig ist, ob Blindheit oder Taubheit oder Epilepsie den Austausch mit der Welt beeinflussen. Diese Feststellung ist von unmittelbarer pädagogischer Relevanz, denn das Konstrukt des »sonderpädagogischen Förderbedarfs« folgt einer personalisierenden und ontologisierenden Betrachtungsweise, die – der Ideologie der individuellen Begabungen folgend – »spezielle« Förderbedürftigkeit personalisiert und ontologisiert.

1.5.2 Sonderpädagogischer Förderbedarf

Die Kritik an den definitorischen Unzulänglichkeiten und mangelnden pädagogischen Implikationen führte zu einem Begriffswechsel: in Anlehnung an das Begriffskonzept der *special educational needs*, wie es sich im Vereinigten Königreich in gezielter Abkehr vom traditionellen Begriff (handicap; disability) etablieren konnte (Warnock-Report 1978), wurde – mit einiger zeitlichen Verzögerung – auch in Deutschland der Behinderungsbegriff bildungsadministrativ und fachwissenschaftlich durch jenen des sonderpädagogischen Förderbedarfs substituiert (Drave, Rumpler & Wachtel 2000).

Mit dem terminologischen Wandel geht allerdings nicht automatisch ein Perspektivenwechsel einher, denn auch in den KMK-Empfeh-

1.5 Behinderung und sonderpädagogischer Förderbedarf

lungen wird der sonderpädagogische Förderbedarf weiterhin als eine personale Kategorie konzipiert (Schuck 2016, S. 117). Mehr noch: mit der Vermeidung des Behinderungsbegriffs droht in der Pädagogik terminologisch verschleiert zu werden, was andernorts als ein Teil gesellschaftlicher Realitäten erzeugt wird – die Inanspruchnahme spezieller Leistungen wie zum Beispiel im Bereich der Eingliederungshilfen im Sozialrecht (SGB VIII/KJHG; SGB IX; SGB XII; BTHG) ist an die Zuschreibung einer »Behinderung« gebunden.

Zugleich impliziert das Begriffskonzept bereits auf der semantischen Ebene eine konzeptionelle Engführung, da die »sonderpädagogische Förderung« die Schüler als unmittelbare Adressaten von Unterstützungsmaßnahmen fokussiert. Indirekte Formen der Unterstützung (wie Beratung und Konsultation) werden durch die Förderterminologie nicht eingeschlossen (Willmann 2008).

Mit Blick auf die wenig präzisen inhaltlichen Füllungen und in Ermangelung einer erziehungs- und bildungswissenschaftlichen Herleitung (Biewer 2017, S. 88 ff.) ist die Frage durchaus angemessen, inwieweit überhaupt am Förderbegriff festgehalten werden sollte. In jedem Fall aber bietet sich dieser eben nicht als ein Leitbegriff an, der das professionelle pädagogische Selbstverständnis schärfen könnte. Wie Vernooij (2005, S. 41) feststellt, »können die Begriffe Erziehung und Bildung [...] keinesfalls ersetzt werden durch den Begriff der sonderpädagogischen Förderung«.

Die eigentliche Bedeutung der 1994er KMK-Empfehlungen liegt indes weniger in der Einführung eines neuen terminologischen Inventars als vielmehr in der Abkehr vom Primat der Förderung an Sonderschulen (»sonderpädagogischer Förderbedarf« anstatt »Sonderschulbedürftigkeit«). Gleichwohl wird hier aber die Sonderbeschulung nicht als subsidiäre Maßnahme betrachtet und schulische Integration wird nicht als vorrangiger Förderort definiert. Vor allem aber wird in den Ergänzungsempfehlungen zu den einzelnen sonderpädagogischen Förderschwerpunkten eine Ausdifferenzierung beibehalten, die – wenn auch in veränderter Begrifflichkeit – der Nomenklaturlogik des traditionellen sonderpädagogischen Kategoriensystems entspricht.

Zugleich zeigen sich grundlegende Schwierigkeiten in der diagnostischen Operationalisierung insbesondere in den vier »großen« Förderschwerpunkten (Lernen, Verhalten, Sprache und geistige Entwicklung). Wie bereits für die disziplinären Leitbegriffe Erziehung und Bildung kann auch das sonderpädagogische Begriffskonzept (»spezieller« oder »sonderpädagogischer« Förderbedarf) als eine Metapher verstanden werden. Im Unterschied zu der Vielfalt der verschiedenen Bilder, die durch die Metaphern von Erziehung und Bildung hervorgerufen werden, begrenzt sich die Metaphorik, die mit dem Begriff des sonderpädagogischen Förderbedarfs evoziert wird, allerdings einseitig auf spezifische Entwicklungsdefizite im Kontext schulischen Lernens. Gerade im deutschsprachigen Raum weckt diese Metapher aufgrund der engen historischen Verquickung mit der institutionellen Sonderbehandlung (»Sonderschulbedürftigkeit«) Bilder, mit denen die Defizite, Unzulänglichkeiten und Fehlanpassungen von Kindern und Jugendlichen herausgestellt werden, die es durch spezielle Maßnahmen zu korrigieren gelte. Genau an diesem Punkt setzt später die inklusionspädagogische Kritik an (z. B. Hinz 2002).

2

Theorieperspektiven

Im ersten Teil (▸ Kap. 1) sind die erheblichen terminologischen und konzeptionellen Schwierigkeiten diskutiert worden, die sich beim Thema Integration und Inklusion allgemein und mit Blick auf sonderpädagogische Fragestellungen im Speziellen einstellen. Diese Schwierigkeiten können nicht folgenlos bleiben für die wissenschaftliche Forschung und Theoriebildung. In Folge definitorischer Unschärfen und der Überkomplexität des Themas fällt es ausgesprochen schwer, ein gemeinsames Grundverständnis von pädagogischer Integration und Inklusion zu entwickeln, und so ist weitläufig von einem Theoriedefizit die Rede (z. B. Ackermann 2017; Schweiker 2017). Eine solche Pauschalisierung übersieht unseres Erachtens die bedeutsamen theoretischen Skizzen, die schon in der frühen Phase der integrationspädagogischen Diskussion seit Ende der 1970er Jahre

2 Theorieperspektiven

vorliegen. Es ist als ein gravierender Mangel der gegenwärtigen Inklusionsdebatte anzusehen, dass – wenn überhaupt – nur eine oberflächliche Bezugnahme auf die Theorien und Forschungsergebnisse der Integrationspädagogik erfolgt. Hier besteht indes auch ein erheblicher Nachholbedarf in der Forschung, denn es fehlt bis heute an neueren systematischen Überblicksarbeiten zu den Ergebnissen der deutschsprachigen Integrations- und Inklusionsforschung der letzten rund 40 Jahre. Es lässt sich in der letzten Zeit beobachten, dass der Anteil an empirischen Qualifikationsschriften im Feld der schulischen Integration und Inklusion deutlich zunimmt, wobei die Arbeiten zum Teil die vergangenen fachwissenschaftlichen Diskurse gar nicht mehr einbeziehen, sondern sich ganz auf das Messhandwerkszeug und die korrekte Umsetzung der Forschungsmethode konzentrieren. Diese Art von Forschung ist gleichermaßen a-historisch wie a-theoretisch, da sie weder an die theoretischen Skizzen der Integrationspädagogik anschließt noch deren Forschungsergebnisse auch nur zur Kenntnis nimmt, sich zugleich aber auch einer wissenschaftstheoretischen Reflexion über die eigene Forschungsmethodik verschließt. Wir werden auf das Problem im Kapitel zum Stand der Forschung (▸ Kap. 3) zurückkommen.

In jedem Fall aber kann für die pädagogische Integrations- und Inklusionsdiskussion bis in die Gegenwart durchaus eine gewisse *Theorieabstinenz* konstatiert werden. Einen exemplarischen Beleg liefert das Handbuch Integrationspädagogik, das auch in der aktuellen siebenten Auflage (Eberwein & Knauer 2009) – und somit mehr als zwanzig Jahre nach dem Erscheinen der ersten Auflage (Eberwein 1988) – dem Thema Integrationstheorie kein eigenes Kapitel widmet. Die meisten der dort versammelten Beiträge sind praxisnah und eher deskriptiv verfasst oder aber sehr allgemein gehalten; theoretische Argumentationszusammenhänge werden in diesem Handbuch nicht systematisch erschlossen.

In ihrem kleinen Einführungsbüchlein zu den »Theorien der Behindertenpädagogik« behandeln Moser und Sasse (2008) die integrationspädagogischen Ansätze in einem eigenen Kapitel neben den etablierten wissenschaftstheoretischen Strömungen der geisteswissenschaftlichen, kritisch-rationalistischen, dialektisch-materialistischen, ökosystemischen sowie konstruktivistischen Behindertenpädagogik. Wie die Autorinnen betonen, stellte die Integrationspädagogik allerdings »keine einheitliche Theorierichtung« dar (Moser & Sasse 2008, S. 100), sondern eher eine wissenschaftlich wie auch bildungspolitisch motivierte Kritik an der Theorie und Praxis der etablierten traditionellen Sonderpädagogik.

In dem Versuch einer Auswertung integrationspädagogischer Fachliteratur trägt Markowetz (1997, S. 198 ff.) zwanzig »Grundsätze und Prinzipien der Integration« zusammen, die seiner Ansicht nach der Integrationspraxis als theoretisches Fundament dienen (im Einzelnen werden genannt: »Prinzip des Rekurs auf den ethischen Imperativ unserer Verfassung«; »Prinzip der Wiederherstellung der Einheit des Menschen in der Menschheit«; »Prinzip der Normalisierung«; »Prinzip der Unteilbarkeit von Integration«; »Prinzip der Ganzheitlichkeit«; »Prinzip der Regionalisierung«; »Prinzip der Dezentralisierung«, »Prinzip des Kompetenztransfers«, »Prinzip der Teamarbeit und des Teamteaching«; »Prinzip der integrierten Förderung und Therapie«; »Prinzip der Kooperation am gemeinsamen Lerngegenstand«; »Prinzip der Kollektivierung«; »Prinzip der Individualisierung«; »Prinzip der Inneren Differenzierung«; »Prinzip des Elternwahlrechts«; »Prinzip der Freiwilligkeit«; »Prinzip der Vielförmigkeit«; »Prinzip des Dialogischen«; »Prinzip der Nähe und Distanz zu Gleichheit und Verschiedenheit« sowie »weitere Prinzipien« als Residualkategorie).

> »Die hier genannten Prinzipien stellen einen vorläufigen Maximalkatalog dar, nach dem bis heute grundsätzlich versucht wird, Integration konzeptionell zu bestimmen und praktisch zu realisieren« (Markowetz 1997, S. 202).

In der Zusammenschau wird schnell klar, dass die hier zusammengetragenen »Prinzipien« nicht aus einem einheitlichen Theoriesystem entstammen, sondern vielmehr ein buntes Potpourri unterschiedlicher Aspekte aus verschiedenen Argumentationszusammenhängen abgeben. Insofern lassen derartige Versuche, Gemeinsamkeiten emergieren zu wollen, eine gewisse Hilflosigkeit erkennen, die bis in die Gegenwart anhält. Das gilt allerdings nicht nur speziell für die Integrationspädagogik, sondern auch ganz allgemein für die Schulpädagogik, wie ein Blick in die aktuelle Fachliteratur aus Didaktik und Unterrichtsforschung verdeutlicht (exemplarisch: Hattie 2015; Hattie & Yates 2015; Meyer 2019; Praetorius, Grünkorn & Klieme 2020).

In der Integrationspädagogik selbst sind indes keine Bestrebungen auszumachen, eine artifizielle Zusammenführung herbeizuführen. In dieser Hinsicht klingt das eigene Selbstverständnis eher bescheiden, wenn etwa Deppe-Wolfinger (1990, S. 23 u. S. 25) die unterschiedlichen integrationspädagogischen Strömungen in einer gemeinsamen Zielsetzung begründet sieht, die sie zusammenfasst als »die Durchsetzung einer humanen Schule, in der alle Kinder mit ihren spezifischen Voraussetzungen, Fähigkeiten und Bedürfnissen individuell und gemeinsam lernen« im Sinne einer »Grundentscheidung für eine kindgerechte, demokratische Schule ohne Aussonderung«.

Gemeinsamkeiten ergeben sich also eher durch ein miteinander geteiltes Grundverständnis, nach dem sich die Integrationspädagogik auch im bewussten Gegensatz zur traditionellen Sonderpädagogik abgrenzt. Sie versteht sich »nicht als eine ›Spezialpädagogik‹, sondern will sich als allgemeine Pädagogik für eine ›Schule für alle Kinder‹ entwerfen« und zielt darauf ab, »differenzierte methodisch-didaktische Konzepte« für »heterogene Lerngruppen« auszuarbeiten (Moser & Sasse 2008, S. 108).

Sofern in den zahlreichen Abhandlungen zur Integrationspädagogik im engeren Sinne spezifische theoretische Überlegungen identifiziert werden können, sind diese meist Ausdruck inhaltlich-konzeptioneller Positionierungen einzelner Fachvertreter*innen. Es zeigt sich gewissermaßen eine Tendenz zur *Personalisierung der Integrationsdebatte*, nicht selten mit dem Ergebnis, dass persönliche Ansichten und Stellungnahmen mit theoretisch begründeten Positionierungen verwechselt werden. Diese Tendenz ist international beobachtbar. So werden im Studienführer von Clough und Corbett (2000) unter dem Titel »Theories of Inclusive Education« nicht etwa Differenzen und Gemeinsamkeiten unterschiedlicher Theorielinien herausgearbeitet, sondern es werden 24 Personen in den Mittelpunkt gerückt, deren Überlegungen als besonders einflussreich auf die Entwicklung von inklusiver Erziehung und Bildung betrachtet werden. Im englischsprachigen Raum werden hierzu unter anderem *Mel Ainscow, Tony Booth, Alan Dyson, Peter Mittler, Brahm Norwich, Mike Oliver* und *Roger Slee* gezählt.

Den gleichen Anschein einer eher personalisierten Theoriediskussion erweckt auch die hiesige Debatte: unlängst hat Müller (2018) den Versuch unternommen, die Protagonist*innen der Integrationspädagogik im deutschsprachigen Raum in den Blick zu nehmen. In einer Interviewreihe wurden insgesamt 18 Personen befragt, die als »Wegbereiter der Inklusion« gelten können. Hierzu zählen unter anderem *Helga Deppe-Wolfinger, Hans Eberwein, Georg Feuser, Andreas Hinz, Wolfgang Jantzen, Annedore Prengel, Ulf Preuss-Lausitz, Helmut Reiser, Alfred Sander* und *Hans Wocken* (Müller 2018; vgl. auch Moser & Sasse 2008, S. 102). – Die große Einschränkung der Interviewreihe liegt allerdings darin, dass hier ausschließlich prominente Wissenschaftler*innen zu Wort kommen, nicht aber die Sichtweisen anderer Akteur*innen etwa aus der Behindertenbewegung und den Elterninitiativen.

Das Interview-Projekt hat dennoch wissenschaftshistorisch einen unschätzbaren Wert, denn es ermöglicht, die Innenperspektiven nachzuzeichnen, die einige der Hauptakteure auf die zum Teil sehr turbulenten Entwicklungsverläufe in der deutschsprachigen Integrationsdiskussion bis zur gegenwärtigen Inklusionsdebatte einnehmen. In den vorliegenden Bänden stehen die Interviews für sich und es wäre sicherlich ein sehr lohnenswerter Versuch, die jeweiligen Positionen auf einer metatheoretischen Ebene zu untersuchen.

Zuvor hatte bereits Erzmann (2003) die »Grundzüge der Theorien und Modelle einzelner Integrationsforscher« (S. 147 ff.) ausgewertet mit dem Ergebnis, dass die vorliegenden Konzeptionen »von ihren inhaltlichen Aussagen als auch der Ausrichtung ihrer jeweiligen Forschungsschwerpunkte – neben grundlegenden gemeinsamen Anliegen – sehr voneinander differieren« (S. 309).

Die skizzierte Tendenz zur Personalisierung lässt sich – zumindest teilweise – darauf zurückführen, dass theoretische Positionierungen vor allem im Kontext wissenschaftlicher Begleituntersuchungen zu integrativen Schulprojekten formuliert wurden. Für viele Forschungsteams standen die Begleitung und Überprüfung der praktischen Umsetzbarkeit integrativer Fördermaßnahmen und des gemeinsamen Unterrichts im Vordergrund, nicht aber eigens die Theorieentwicklung. In der Folge sind aus der Anfangszeit der Integrationsforschung nur wenige gegenstandsbegründete theoretische Modelle hervorgegangen. Genau hierin liegt eine Quelle für häufige Kritik an der Aktions-, Handlungs- und Praxisforschung, für die in der Theorieproduktion eher eine Art Nebentätigkeit im Prozess der wissenschaftlichen Begleitforschung liegt. Dieses Problem zeigt sich am deutlichsten im Rahmen partizipatorischer Forschungsprogramme (z. B. Moser 1995; Unger 2014, S. 96).

Die Sichtung der frühen integrationspädagogischen Literatur in Deutschland führt zu einer Unterscheidung von sechs theoretischen Strömungen in der Integrationsforschung (▶ Tab. 1).

Tab. 1: Sechs Theorie-Strömungen in der frühen integrationspädagogischen Forschung in Anlehnung an Deppe-Wolfinger (1990, S. 23 ff.); tabellarische Kompilation der Autoren

Strömung	Projektkontext und *Vertreter*innen*
schulkritische und reformpädagogische Beiträge	u. a. Projektgruppe Schulversuch Fläming-Schule, Team der wissenschaftlichen Begleitung des Hamburger Schulversuchs; auch: *Hans Eberwein*
Materialistischer Ansatz	u. a. *Wolfgang Jantzen; Georg Feuser*
psychoanalytische Richtung (insbesondere TZI)	Frankfurter Forschungsteam um *Helmut Reiser*
feministische und kritische Erziehungswissenschaft	*Annedore Prengel; Ulrike Schildmann*[1]
ökologischer Ansatz	Saarbrücker Forschungsteam um *Alfred Sander* und *Hans Meister*
kommunikationstheoretische Perspektive	*Wolfgang Sucharowski*

[1] *Anmerkung: Ergänzung durch die Autoren*

Ähnlich beschreibt Reiser (1990a, S. 31) die Zugänge der ersten Integrationsforscher in Deutschland entlang der jeweiligen »individuellen Theorielinien« (Grundschulreform, geisteswissenschaftliche Bildungsgeschichte, Tätigkeitstheorie, psychoanalytische Heilpädagogik, Systemtheorie, Bildungsökonomie, Theorie kommunikativen Handelns).

Bereits früh konstatierten Deppe-Wolfinger (1990) und Reiser (1990a) das Fehlen einer einigenden integrationspädagogischen Theorieentwicklung, die offenbar nicht mit den rasanten Entwicklungen in der Praxis standhalten konnte:

> »Während sich also eine vergleichbare Praxis von Integration und ein Satz von gemeinsam verwendeten Erklärungen mittlerer Reichweite (z. b. bei den didaktischen Begriffen) herausgebildet hatte, war eine einheitliche Theorie der Integration nicht im Entstehen; hier stehen wir 1989 am Beginn der Diskussion« (Reiser 1990a, S. 31).

Deppe-Wolfinger (1990, S. 25) sieht in dem Fehlen einer universalen Integrationstheorie allerdings keinen Mangel, sondern eher eine Notwendigkeit; eine »übergreifende Theorie der Integration [...] wäre auch gar nicht sinnvoll. Nicht die Metatheorie befördert Integration, sondern die Vielfalt und Differenzierungen der wissenschaftlichen Zugänge.«

Wenn in diesem Sinne also Integrationspädagogik mehr als ein Praxisprojekt verstanden wird denn als Theoriemodell, dann scheint die »Hypothese vom Theoriedefizit der Integrations- und Inklusionspädagogik« sich zu bestätigen, die Schweiker (2017, S. 155 f.) wie folgt formuliert:

> »Die Integrations- und Inklusionspädagogik hat (1) ihre integrative bzw. inklusive Gegenstandstheorie ungenügend ausgearbeitet, (2) sie nicht zureichend im Zusammenhang von Denktraditionen sowie ausgewiesener Forschungsmethoden systematisch entfaltet und (3) sie in ihrer Grundlagentheorie philosophisch-ethisch, religiös oder anthropologisch zu wenig verankert.«

Aus unserer Sicht trifft diese Hypothese für die Inklusionspädagogik (▶ Kap. 1) in weitaus stärkerem Maße zu als für die Integrationspädagogik, die trotz des diagnostizierten Fehlens einer gemeinsamen Theorieausrichtung aber dennoch einen Theoriefundus erkennen lässt, der sich aus drei bis vier zentralen Grundkonzeptionen speist: Markowetz (1997) und Schweiker (2017) zählen hierzu die *Theorie der Kooperation am gemeinsamen Gegenstand* von Georg Feuser, die *Theorie integrativer Prozesse* von Helmut Reiser und den *ökosystemischen Ansatz* von Alfred Sander. Heimlich (2003) sieht im *anthropologisch-ethischen Modell* von Urs Haeberlin einen weiteren Ansatz.

Wir konzentrieren die folgenden Ausführungen auf vier Theorieansätze, deren heuristisches Potential unserer Einschätzung nach bislang bei weitem nicht ausgeschöpft worden ist.

2.1 Materialistische Behindertenpädagogik (Wolfgang Jantzen, Georg Feuser)

Die materialistische Behindertenpädagogik ist sicher der umfassendste Entwurf sonderpädagogischer Theoriebildung. In der hier gebotenen Kürze lässt er sich nur kursorisch anreißen, bedingt auch dadurch, dass er mit Ausnahme der beiden Bände der Allgemeinen Behindertenpädagogik (Jantzen 1987; 1990) selbst nicht »geordnet« vorliegt, sondern aus einer Vielzahl verstreuter Schriften erschlossen werden muss.

Allgemein geht materialistische Behindertenpädagogik in der Reflexion marxistischer Gesellschaftsanalyse von der Selbstgestaltung der Gesellschaft durch den Menschen aus. Die sozialen Formen, abstrakt als Institutionen wie etwa das Bildungssystem, konkreter als Organisationen wie Regel- oder Förderschulen bzw. Behindertenhilfeorganisationen wie Caritas oder Lebenshilfe, sind Ausdruck historischer Prozesse der Vergesellschaftung. Sie können als Kämpfe um die Mitbestimmungsrechte verstanden werden und zeigen die Interessensdurchsetzung der verschiedenen gesellschaftlichen Gruppen

2.1 Materialistische Behindertenpädagogik (Wolfgang Jantzen, Georg Feuser)

im Verhältnis von Individuum und sozialem Zusammenhang. Der Mensch ist dabei das »Ensemble der gesellschaftlichen Verhältnisse« (Karl Marx; zitiert nach Jantzen 2001b, S. 9), in die er eingespannt ist und in deren Kultur er lebt, arbeitet, spielt, lernt, sie mitgestaltet und immer wieder auch verändert. Dies begründet die politische Dimension von Pädagogik und ist Ausgangspunkt einer Analyse von Macht- und Herrschaftsprozessen, die immer auf die Emanzipation oder Befreiung des Menschen aus Verhältnissen zielt, »in denen der Mensch ein erniedrigtes, ein geknechtetes, ein verlassenes, ein verächtliches Wesen ist« (Karl Marx; zit. nach Jantzen 1987, S. 112). Die sozialen Bewegungen der 1970er Jahre haben hier ihren Niederschlag gefunden, insbesondere die radikale Deinstitutionalisierung durch die demokratische Psychiatriebewegung in Italien und ihre unmittelbaren Auswirkungen auf das dortige Schulsystem. Hieraus ergeben sich Folgerungen für die soziale Bedingtheit von Behinderung und die Analyse des Verhältnisses zwischen Individuum und Gesellschaft.

»Wesentlich ist es vor allem, dass wir in Entwicklungen, in Prozessen, in raumzeitlichen Zusammenhängen denken können, d h. auf ökologischer, ökonomischer, gesellschaftlicher, kultureller, institutioneller, pädagogischer und therapeutischer Ebene ebenso wie auf biologischer, physiologischer, psychologischer Ebene« (Jantzen 2017, S. 2).

Wie sich hier zeigt, geht die wissenschaftliche Ausformulierung der materialistischen Behindertenpädagogik als »synthetische Humanwissenschaft« (Jantzen 2004a, Moser 2018a) über die schlichte Einordnung als ein rein gesellschaftstheoretisches Paradigma (so etwa bei Cloerkes 2007, S. 96) weit hinaus.

Behindertenpädagogik als Fach ist nach Wolfgang Jantzen auf Grund der vor ihr liegenden Problematiken auf interdisziplinäres Wissen angewiesen und kann gar nicht anders als synthetisch gedacht werden. Behindertenpädagogik ist Teil der Humanwissenschaften, bündelt Erkenntnisse vieler verschiedener Zweige wie Neurowissenschaften, Sozialwissenschaften, Psychologie, Geschichte, Philosophie, Soziologie. Sie schließt an die umfassende Persönlichkeitstheorie der sowjetischen Psychologie an, die bereits in der ersten Hälfte des 20. Jahrhunderts Neurologie, Psychologie, Philosophie, Pädagogik und Medizin interdisziplinär zusammenführte. Ein »kulturhistorisches Herangehen an die Psyche« bedeutet nach Jantzen (2001b, S. 9) »bei Betrachtung der Wechselverhältnisse der biotischen, psychischen und sozialen Ebene des ganzheitlichen Menschen, diesen nicht auf Biologie oder Psychologie zu reduzieren. Die je niederen Ebenen sind die Voraussetzung der je höheren, aber diese wirken auf die niederen zurück und gestalten sie.«

Was damit gemeint ist, hat Max Horkheimer (1937, S. 255) unübertroffen formuliert:

> »Die Tatsachen, welche die Sinne uns zuführen, sind in doppelter Weise gesellschaftlich präformiert: durch den geschichtlichen Charakter des wahrgenommenen Gegenstandes und den geschichtlichen Charakter des wahrnehmenden Organs. Beide sind nicht nur natürlich, sondern durch menschliche Aktivität geformt; das Individuum jedoch erfährt sich selbst bei der Wahrnehmung als aufnehmend und passiv.«

Dies geschieht bis ins kleinste Detail der Wahrnehmung von Gegenständen oder auch der Wahrnehmung von Menschen, die beispielsweise einer anderen Kultur angehören. Diese bio-psychosoziale Idee der Persönlichkeitsentwicklung des Menschen ist Ausgangsbasis zur Beschreibung von Entwicklung, sowohl gesellschaftlicher wie auch personaler. In der historischen Entfaltung gesellschaftlicher sozialer Formen zwingen diese das Gehirn, als soziales Organ (Jantzen 2001b; Zieger 2007) auf neue Weise zu arbeiten. Sie lassen neue funktionelle Systeme entstehen (Jantzen 2004b), womit der Zusammenhang von Hirnentwicklung, Hirnforschung, Kultur und Individuation angeschnitten ist, der zugleich auch hochrelevant für die Betrachtung von Behinderung ist. Das Gehirn ist ein adäquates System, welches in seiner Gesamtheit betrachtet werden muss, um zu klären, wo sich die interfunktionellen Beziehungen verändern und komplizierte dynamische Systeme bilden. Der Systemcharakter zeigt auf, dass die Prozesse des Zusammenwirkens der Ebenen einem eher biologistischen Verständnis entgegenstehen, das von einer einfachen

2.1 Materialistische Behindertenpädagogik (Wolfgang Jantzen, Georg Feuser)

Lokalisation von Eigenschaften im Gehirn ausgeht. Eine Funktion ist niemals nur einem einzelnen Zentrum zuzuordnen, sondern das Produkt der integrierenden Tätigkeit spezifischer, streng differenzierter und somit hierarchisch zusammenhängender Zentren, die durch Differenzierung und Integration miteinander verbunden sind (Jantzen 2001b). Vor allem geht es um die Überwindung der Vorstellung von Behinderung als Natur und Schicksal. Stattdessen wird eine grundsätzliche Entwicklungsperspektive angelegt.

»Daher ist der kulturhistorische Ansatz prinzipiell auf Aufklärung (und Dialektik der Aufklärung) angelegt und befindet sich in der Art seines Denkens prinzipiell im Widerspruch zur herrschenden Normalität« (Jantzen 2001b, S. 10).

2.1.1 Überwindung der Reduktion von Behinderung auf Natur und Schicksal – Isolation

Im allgemeinen abstrakten Verhältnis von Gesellschaft und Individuum ist das Individuum versetzt (in »Juxtasstruktur«; Jantzen 2001a, S. 88) in die jeweilige Kultur zu verstehen und eignet sich diese als bestehende soziale Verkehrsformen selbsttätig (Bildung) durch Auseinandersetzung mit der dinglichen und personalen Umwelt in einer zeitlichen Kopplung von individueller und gesellschaftlicher Entwicklung (Erziehung) an. Denn erst über die Schaffung gemeinsamer Zeit und Kultur, als mit anderen geteilter und in ihrer Vielfalt differenter Kultur, können sich Menschen umfassend individualisieren, bilden. Der Aufbau der psychischen Strukturen erfolgt als sinnvolle Einheit für das Subjekt, systemhaft vermittelt über die elementare Einheit des Erlebens im *inter*subjektiven Austausch zwischen den Menschen in sozialen Zusammenhängen. Eingebettet ist diese soziale Rahmung in eine ausführliche Theorie der Emotionen in Anlehnung an Vygotskij (Jantzen 2005b). Die »soziale Entwicklungssituation« (Jantzen 2010, S. 38) jedenfalls wird zum zentralen Ansatzpunkt des Verstehens von Entwicklungsprozessen, die bei Feuser (1996, S. 21) als »prozesshafte, dynamisch organisierte, strukturelle Systemveränderung in Richtung auf zunehmende Komplexität und Diversifikation« beschrieben ist. Entwicklung als anthropologische Grundkonstante ist entsprechend von historischen, kulturellen Bedingungen abhängig, von Anerkennung/Ausschluss ebenso wie von Partizipation/Isolation, von bürgerlichen Rechten, Mündigkeit/Vernunft, Bildung. Die psychischen Prozesse, nochmals allgemein formuliert, sind Resultat der aktiven Auseinandersetzung des Menschen mit der Welt, innerhalb der er lebenslang, in seiner Zone der aktuellen und nächsten Entwicklung (Vygotskij 1987), mit anderen im Dialog, in Kommunikation und in Kooperation eine Widerspiegelung seiner selbst erfährt. (Wenn ein Kind statt Bindung Angst aufbaut, wird die Angst die »soziale Entwicklungssituation« überlagern und Lernen schwieriger, wie auch der Bindungsprozess.) Jantzen (2001c) verweist auf das »Erleben« als zentralen Pol des Subjekts in der Einheit von Affekt und Intellekt (Angst »behindert«) und die zentrale Stelle der Wortbedeutung (Sprache), über die sich Kulturelles von der sozialen Seite aus angeeignet wird. In Anlehnung an Vygotskij (1985) beschreibt Jantzen (2008, S. 120) diesen Prozess als

> »die Einwirkungen des Sozialen, vermittelt über die Eigenaktivität des Gehirns […], indem es sich einen Inhalt schafft, der nicht ihm selbst angehört, sondern der Welt. Dies geschieht, wie wir wissen, in Form von sozialen (Wort-) Bedeutungen, die vermittelt über das Erleben der Person es dieser ermöglichen, zu werden, was sie von Anfang an ist«.

Isolation als die zentrale analytische Kategorie von Entwicklung reflektiert die Ausschließung und die Prozesse der Behinderung als fehlende Aneignung oder Partizipation, häufig mit einer existentiellen Gefährdung verbunden. Die Relation von Isolation/Partizipation öffnet den Blick für die *Inter*aktion, den Dialog in der »Entwicklungssituation«. Dialog ist dabei sinngebender, Sinn vermittelnder Prozess zwischen den Beteiligten.

> »Diese Einsichten verlangen eine Rekonstruktion von geistiger Unterentwicklung ebenso wie von Verhaltensstörungen als Feldwirkungen, als Entwicklungsresultate im System Kind und Umwelt, die nicht nach der Seite des Kindes hin verdinglicht werden dürfen« (Jantzen 2010, S. 38).

2.1 Materialistische Behindertenpädagogik (Wolfgang Jantzen, Georg Feuser)

Die biologischen Auswirkungen einer »Störung« wie zum Beispiel »Nicht-Sehen«, »Nicht-Laufen« – wir können ergänzen: »Angststörungen«, depressive »Störungen« oder »Aufmerksamkeits-/Hyperaktivitätsstörungen« – finden ihren Niederschlag in einer veränderten Aneignung der Welt und einem veränderten Austausch mit den Mitmenschen. Offensichtlich wird aber auch, dass die soziale Ebene diejenige ist, die Kompensationsmöglichkeiten bietet. Denn erst wenn der soziale Zusammenhang (Gesellschaft, Schule, Familie) keine Möglichkeiten bietet, um die biologischen Ausgangsbedingungen aufzunehmen und zu gestalten, erst wenn Menschen auf Grund von bestimmten Eigenschaften beziehungsweise der Zuschreibung von Eigenschaften ausgegrenzt werden, entsteht Behinderung – oder eben in schulischer Diktion ein sonderpädagogischer Förderbedarf – »als sozialer Gegenstand [...] von diesem Augenblick an« (Jantzen 1987, S. 18). Dieses »soziale Modell« (»Geistige Behinderung ist ein sozialer Tatbestand«) von Behinderung spielt bei Jantzen schon früh eine Rolle, was sich beispielsweise in seiner Bestimmung als »Arbeitskraft minderer Güte« (Jantzen 1987, S. 30; S. 40), »Sonderschulbedürftigkeit« wäre die Formulierung für das Schulsystem, zeigt und die Pädagogik, die sich damit beschäftigt eben als »Behindertenpädagogik« plausibel macht. »Behinderung« ist als Differenzkategorie wie

> »ein Brennglas, um aufzuzeigen, wie Gesellschaften organisiert sind, welche ›Ideologien‹ sie verfolgen und wie Machtverhältnisse strukturiert sind, in denen sich schließlich Individuen bewegen, ihr eigenes Selbstverständnis und ihre sozialen Beziehungen (ihren ›sozialen Sinn‹) entwickeln« (Moser 2018b, S. 7).

Behinderte sind als doppelt Ausgeschlossene zu erkennen. Neben ihrer biologischen Isolation (»behindert sein«) sind sie sozial und kulturell Ausgeschlossene (»behindert werden«), mit dann typischen Lebensläufen, Stigmatisierungen. (Behinderten)Pädagog*innen müssen neben der Entschlüsselung der individuellen Lebensläufe immer berücksichtigen,

> »dass es um kranke bzw. behinderte Menschen mit einer eigentümlichen psychopathologischen Problematik geht, die dialektisch und ideologisch ent-

schlüsselt werden muss, und dass es sich [...] um Ausgeschlossene, Geächtete, Opfer von Gewalt handelt« (Jantzen 1997, S. 364).

Das betrifft auch die Schule und ihre vielfachen Segregationstendenzen. Isolation lässt sich in der aktuellen heterogenen Perspektive als Kategorie für eine entsprechende Analyse aller möglichen Differenzkategorien heranziehen. (Erfährt eine Person Isolation bspw. auf Grund von Geschlecht, Ethnie oder sexueller Orientierung, kann nach fehlender Anerkennung, Partizipation spezifisch geschaut werden.)

2.1.2 Tätigkeit

In kulturhistorischer Perspektive ist materialistische Behindertenpädagogik als Tätigkeitstheorie zu kennzeichnen. Tätigkeit bezeichnet ein Weltverhältnis, in dem die Person aktiv (!) im Verhältnis Subjekt-Tätigkeit-Objekt bzw. Subjekt-Tätigkeit-Subjekt handelt. Innerhalb dieser »sozialen Entwicklungssituation« wird das einzelne Individuum »für sich« (Individualisierung), was es zunächst »an sich« und dann »für andere« (Inter-Subjektivität) im gesellschaftlichen Ensemble gewesen ist. Dabei sind alle psychischen Funktionen zunächst sozialer Natur, »interpsychisch« zwischen den Menschen, und werden dann zu eigenen intrapsychischen Prozessen durch die Selbstbewegung des Subjekts (Jantzen 2001b, S. 10; Bildungsaspekt). Hiermit ist bereits ein wesentlicher Hinweis auf Bildungsprozesse gegeben. Bildung als reflexive und aktive Weltaneignung hätte die Balance zwischen dem »an sich Sein« (gesellschaftlicher Aspekt, Anpassung) und dem »für sich Sein« (Individualität) auszubalancieren, hinsichtlich Inklusion zwischen Normativität und Individuation. Geknüpft ist diese materialistische Kategorie an das grundsätzliche pädagogische Prinzip, dass der Mensch nur durch andere Menschen sich human entwickeln kann. Bei Feuser (2005, S. 284) formuliert als dialogisches Prinzip: »Der Mensch entwickelt sich zum dem Ich, dessen Du wir ihm sind.« Der Dialog ist nicht nur bei Buber wichtiges Prinzip von Aneignung und Zueignung, sondern wird von Jantzen und

Feuser auch im Anschluss an die Forschungen von René Spitz (1976) und den pathologischen Erscheinungen bei Entgleisung des Dialogs (Deprivation, Hospitalismus) referiert.

In neueren Arbeiten greift Jantzen (2004a, S. 251; 2020, S. 84) die Idee eines »freundlichen Begleiters« von Trevarthen und Aitken (1994) auf, die ein sogenanntes intrinsisches Motivsystem, gerichtet auf einen potentiellen Anderen, unterstellen. Das bedeutet, Individuen sind auf Kommunikation und Dialog angewiesen, sonst öffnet sich das Gehirn nicht für Lern- oder Zueignungsprozesse. Stattdessen entsteht Angst, Bindung gelingt nicht oder wird problematisch, Lernen wird gestört.

2.1.3 Lernen und Entwicklung

Vielfalt ist Grundlage des Lebens und muss in (gesellschaftliche) Strukturen aufgenommen werden, um Lernen, Entwicklung, Erfahrung zu ermöglichen. Pädagogisches Anliegen, so Feuser (1996, S. 22), müsste es sein, »sich auf das zu orientieren, was aus einem Menschen seiner Möglichkeit nach werden kann« und weniger das, was er gerade zu sein scheint. Insbesondere Diagnostik, aber ebenso didaktische Fragen benötigen diese veränderte Sichtweise. Dafür scheint es unerlässlich, einen Begriff von Bildung zu entwickeln, der dies auch transportiert und nicht an anthropologische Merkmale gebunden ist (z. B. »geistige Behinderung« oder »Lernbehinderung«). Lernen, ebenfalls anthropologisches Grundmerkmal jedes Menschen, ist ein zweifacher Prozess des »nach innen Wachsens« (»Interiorisation«) von zunächst zwischen den Menschen vorhanden Bedeutungen (Symbolen) »an sich« (allgemeine Bedeutungen bzw. allgemeiner Sinn), die jedes Individuum als individueller Sinn »für sich« erschließt. Dies gelingt nur, wenn der Prozess dialogisch und kooperativ als reziproke Sinnverschränkung angelegt ist. Lernen wird entsprechend als Tätigkeit verstanden, als aktive Auseinandersetzung mit der symbolischen, kulturellen Umwelt sowohl ideell als auch praktisch. Vielleicht genügt zunächst sogar die

»lapidare Feststellung, daß für den Menschen Lernen unvermeidlich ist, da er als lernendes Wesen in die Welt kam und mit einem ›Automatismus des Nicht-nicht-lernen-Könnens‹ ausgestattet wurde, so daß ›nicht Lernen, sondern Nichtlernen [...] das erklärungsbedürftige Phänome‹ ist« (Gronemeyer 1997, S. 34).

Diese Vermittlung des Allgemeinen mit dem Einzelnen seitens der Theorie und in der Praxis ist Aufgabe nicht nur der Behindertenpädagogik allein. Die »soziale Entwicklungssituation« gilt für alle Kinder ebenso wie Anerkennung und Verwundbarkeit. Zu bedenken ist dabei, dass der Übergang von der »Zone der aktuellen Entwicklung« in die »Zone der nächsten Entwicklung« (Vygotskijs 1987) als krisenhaft zu denken ist. Das heißt die Person gerät mit den aktuellen Problemlösestrategien an eine Grenze, während die »Lösungen« in der nächsten Zone liegen und vermittelt werden müssen. Insbesondere Nachahmung und Kooperation sind hierbei wichtige Prinzipien. Bedingung ist nicht nur ein fachdidaktisches, sondern zugleich auch entwicklungspsychologisches sowie entwicklungspathologisches Wissen über die verschiedenen Altersstufen als Entwicklung der Persönlichkeit.

»Die Suche ist jedoch immer orientiert und gespiegelt im Fortschreiten einer Praxis, die generell von der möglichen Entwicklung, von der Erziehung und Bildung für alle, auch für schwerstbehinderte, schwerstverhaltensgestörte und schwerst psychisch gestörte Menschen ausgeht, vor dem Hintergrund der umfassenden Realisierung von deren Menschen- und Bürgerrechten« (Jantzen 2007, S. 90).

Nimmt man das als theoretische Basis ernst, ergibt sich vor allem in Bezug auf Inklusion und Schule, dass wir bei angenommenen Fähigkeiten (Mündigkeit, Bildsamkeit) den Menschen anders herausfordern, als wenn wir ihn für unfähig halten. Das reicht von der abstrakten systemischen Ebene des Schulsystems und seiner Struktur inklusive der Möglichkeit von Schulabschlüssen bis hin zur interaktionellen, schulisch vor allem der didaktischen Ebene der Idee und Verwirklichung gemeinsamen Unterrichts.

Die Theorie zielt auf ein allgemeines Prinzip für das Verstehen und Erklären der Dynamiken innerhalb jeder Altersstufe. Die Dynamiken

2.1 Materialistische Behindertenpädagogik (Wolfgang Jantzen, Georg Feuser)

ergeben sich aus der Wechselbeziehung von Anforderung und Möglichkeiten in historischen Formen der (Schul)Praxis sowie den eigenen Bedürfnissen, Interessen und Handlungen des Kindes. Lernen bedeutet dabei eine »Veränderung der psychischen Repräsentation, und somit einen Wandel des subjektiven ideellen Raumes« (Siebert 2003, S. 373). Die Neubildung ist die Quelle des Wandels der Persönlichkeit und charakterisiert eine neue Altersstufe.

So lassen sich »objektive Zonen der nächsten Entwicklung« angeben, die in derselben gesellschaftlichen Tradition von Praxis mit den institutionellen Anforderungen und Erwartungen wurzeln (z. B. Krise der Siebenjährigen, die auf der Fähigkeit beruht, begrifflich, willentlich und bewusst zu denken. Nicht zufällig fällt dies mit dem Schuleintritt zusammen.) Unter verschiedenen objektiven Bedingungen sind verschiedene Zonen der Entwicklung zu finden (z. B. Fünfjährige ganz allgemein finden ganz unterschiedliche Bedingungen vor – Gesellschaft, Familie, Institutionen, Interessen). Die subjektive Zone der nächsten Entwicklung ist der Versuch, für ein einzelnes Kind die Bedingungen anzugeben (Chaitlin 2010).

In ihrer entwicklungspsychologischen Aufeinanderfolge können Spielen, Lernen und Arbeiten als »dominante« Tätigkeit, als wesentliche Form der Aneignung von Welt, verstanden werden, wobei der Übergang von Spielen zu Lernen mit der Phase der Einschulung zusammentrifft (Jantzen 2004c). Wenn Lernen als die »dominante« Tätigkeit in der Schule gilt, stellt sich zugleich die Frage, wie dieses Lernen im schulischen Rahmen gestaltet ist. Rehistorisierende Diagnostik als weiteres Konzept materialistischer Behindertenpädagogik kann hier helfen, bestehende Isolationsbedingungen zu rekonstruieren. Auch wenn dieses Diagnostikmodell zunächst für den außerschulischen Bereich entwickelt wurde, lässt sich die dahinterliegende Idee auch für die Schule nutzen: es geht darum, zu sehen, wo isolatorische Bedingungen gewirkt haben und wo – beziehungsweise wie – sie aufgehoben werden können (Jantzen & Lanwer-Koppelin 1996; Jantzen 2005a).

Hier lässt sich mit Feusers (1995) Ausformulierung einer integrativen Didaktik unter Berücksichtigung tätigkeitstheoretischer und entwicklungspsychologischer Erkenntnisse anschließen. Sie ist der Versuch, die komplexe Theorie einer Entwicklungslogik, die kein richtig oder falsch kennt, praktisch werden zu lassen. Das damit einhergehende Integrationsverständnis ist hochgradig anschlussfähig an die aktuelle Inklusionsdiskussion.

> »Integration im aufgezeigten Sinne bedarf einer Pädagogik, in der alle Kinder in Kooperation miteinander auf ihrem jeweiligen Entwicklungsniveau und mittels ihrer momentanen Denk- und Handlungskompetenzen an und mit einem gemeinsamen Gegenstand spielen, lernen und arbeiten« (Feuser 1988, S. 172).

Sie ist demokratisch, da alle Kinder alles lernen dürfen/sollen, und human, weil alle erforderlichen materiellen und personellen Hilfen zu Verfügung gestellt werden, die es jedem Kind ermöglichen, ohne sozialen Ausschluss zu lernen. Die Didaktik ist dabei individualisiert (entwicklungsbezogen) durch innere Differenzierung und auf Kooperation an einem gemeinsamen Gegenstand hin angelegt. Feuser (1995, S. 176) kritisiert die seiner Auffassung nach sehr einseitige Ausrichtung der didaktischen Theorien an der Sachstruktur, auf den Stoff und die zu vermittelnden Inhalte; dabei mangele es aber an einer Subjekt- und Aneignungstheorie. Der »Sachstrukturanalyse« werden daher die »Handlungsstrukturanalyse« und die »Tätigkeitsstrukturanalyse« an die Seite gestellt sowie eine »Entwicklungsdiagnostik«, die im Sinne Vygotskijs (1987) die »Zone der aktuellen Entwicklung« und die »nächste Zone der Entwicklung« zu berücksichtigen habe. Im Anschluss an die Theorie der Kategorialen Bildung von Wolfgang Klafki (1959; 1963) werden so »die beiden objektiven Realitäten von ›Objektseite‹ und ›Subjektseite‹ im Prozeß der ›doppelseitigen Erschließung‹ gefaßt und in den Begriffen des ›Elementaren‹ und ›Fundamentalen‹ repräsentiert. Mit diesen Begriffen kann inhaltlich gefaßt werden, was wir mit dem ›*Gemeinsamen Gegenstand*‹ beschreiben« (Feuser 1995, S. 181; kursiv i.O.). Dabei wird der Gemeinsame Gegenstand nicht als Unterrichtsfach, sondern als Projektunterricht verstanden. Der Sinn für jeden ergibt sich aus den geteilten Bedeutungen in der Begegnung zwischen den Menschen in der Bildung an einer Sache. Dies harrt als »Bildung für Alle« noch der

Umsetzung, ist nur stellenweise in der Grundschule verwirklicht, dort auch nur in jenen, die tatsächlich alle Kinder, auch mit schweren Behinderung, gemeinsam unterrichten.

So ist nochmals zu betonen, dass mit der rehistorisierenden Diagnostik und der Didaktik des gemeinsamen Gegenstands ein Theoriemodell vorliegt, welches sich hervorragend für die schulische Inklusion eignet. Aufgabe weiterer Beschäftigung damit wäre die Übertragung der Rehistorisierung auf die Schule und die praktische Umsetzung der entwicklungslogischen Didaktik des gemeinsamen Gegenstandes in einer Schule für Alle.

Zusammenfassend kann mit Wolfgang Jantzen festgehalten werden:

> »Nicht die Ausgegrenzten haben demnach zu beweisen, dass sie in vollem Umfang Mensch sind, also zu Dialog und Kommunikation, zu sozialem Verkehr in der Lage, sondern ich selbst habe als Diagnostiker, Pädagoge, Therapeut zu beweisen, dass ich in der Lage bin, einen egalitären Dialog zu führen« (Jantzen 2014, S. 26).

Alle Begriffe der Theorie sind in eine Ontologie von Prozessen, nicht von Dingen, statischen Eigenschaften und personellen Zuschreibungen, einzubinden, also entsprechend praktisch auszurichten.

2.2 Theorie integrativer Prozesse und ihrer Didaktik (Helmut Reiser)

Die Integrationspädagogik in Deutschland ist maßgeblich durch die Arbeiten von Helmut Reiser mitgeprägt worden. In enger Wechselwirkung mit den zahlreichen eigenen Forschungsaktivitäten hat Reiser eine Vielzahl praxisbegründeter Theorieskizzen entworfen, die allerdings nicht in einem Gesamtmodell zusammengeführt worden sind.

Wenn im Folgenden einige der Forschungsarbeiten und die zentralen theoretischen Ableitungen skizziert werden, dann würdigt dieses zum einen die wissenschaftlichen Leistungen von Helmut Reiser, stellt aber zum anderen auch eine unzulässige Verkürzung dar, denn damit wird zugleich eine Vielzahl an weiteren bedeutenden Arbeiten ausgeblendet, die sich mit spezifischen Fragen der Erziehung und Bildung bei psychosozialen Problemlagen im Kontext der schulischen Erziehungshilfe (»Förderschwerpunkt emotionalsoziale Entwicklung«) auseinandergesetzt haben (um nur einige Veröffentlichungen zu nennen: Reiser 1999; 2006; 2013; Reiser & Trescher 1987; Reiser, Willmann & Urban 2007; Reiser, Dlugosch & Willmann 2008).

Während nun der Reisersche Beitrag zur Integrationspädagogik unbestritten ist, wird dieser aber im Wesentlichen an der *»Theorie integrativer Prozesse«* festgemacht (so etwa bei Markowetz 1997; Heimlich 2003; Moser & Sasse 2008), in deren Zentrum ein Mehrebenenmodell steht, das pädagogische Integration als psychische und soziale Aushandlungsprozesse beschreibt. Dabei bleibt die didaktische Dimension dieser Theorie häufig weitgehend ausgeblendet. Hier liegt ein großes Versäumnis, denn die unmittelbar aus der wissenschaftlichen Begleitforschung abgeleiteten Überlegungen leisten einen wichtigen Beitrag zur *Theorie und Didaktik des gemeinsamen Unterrichts*, wie wir weiter unten noch ausführen werden.

2.2.1 Integration als dynamisches Mehrebenen-Prozess-Modell

In der pädagogischen Integrationsdiskussion zeigt sich mitunter eine erhebliche Reduktion von Komplexität. Nicht selten wird davon ausgegangen, dass Integration ein Zustand ist, der erreicht oder nicht erreicht werden könne. Die Logik einer solchen Binärkodierung (ja/nein) basiert auf einem *statischen Verständnis von Integration*, das sich häufig auf die Frage des Förderortes (gemeinsamer Unterricht versus Sonderunterricht) beschränkt. Nun zeigt die Geschichte, dass Schüler*innen mit Behinderungen und/oder sonderpädagogischem För-

2.2 Theorie integrativer Prozesse und ihrer Didaktik (Helmut Reiser)

derbedarf nicht automatisch dadurch »integriert sind«, dass sie eine »integrative« Schule oder Klasse anstelle einer Sonderschule besuchen, denn Diskriminierung und Ausgrenzung findet auch unabhängig von der jeweiligen Schulform statt. Offensichtlich stellen die äußeren Rahmenbedingungen also nur *einen* relevanten Faktor für die Integration dar.

Die empirische Betrachtung der pädagogischen Integrationspraxis führt zu der Entwicklung eines Theoriemodells, das Integration als Prozessgeschehen auf unterschiedlichen Ebenen beschreibt. Ausgangspunkt für die Theorie integrativer Prozesse sind die zahlreichen wissenschaftlichen Begleituntersuchungen zu einer Reihe von integrativen Modellversuchen in Kindergärten und Grundschulen, die durch Forschungsgruppen um Helmut Reiser durchgeführt wurden, alles in allem rund ein Dutzend drittmittelfinanzierter Untersuchungen im Bereich der vorschulischen Integrationsforschung in Kindertageseinrichtungen sowie zur schulischen Integration mit dem Schwerpunkt sonderpädagogischer Lern- und Erziehungshilfe – eine Übersicht zu den wichtigsten Projektdaten findet sich in der Festschrift, die von Birgit Warzecha (2002) herausgegeben wurde.

Komplexitätsebenen integrativer Prozesse

Schon in den ersten Untersuchungen zeigte sich, dass Integration als ein Interaktionsprozess beschrieben werden kann, der auf verschiedenen Komplexitätsebenen angesiedelt ist, wobei die einzelnen Ebenen miteinander korrelieren. Im ursprünglichen Modell wurden zunächst drei idealtypische Ebenen *(innerpsychische Ebene – interaktionelle Ebene – institutionelle Ebene)* unterschieden (Reiser et al. 1984, S. 289). Eine Modifikation erfuhr das Modell dann durch die Ergänzung um eine vierte, die *gesellschaftliche Ebene* (Reiser et al. 1986, S. 121). Mit der weiteren Differenzierung (Reiser 1990a) – die in dieser Form selten rezipiert worden ist – wird schließlich das dynamische Wechselspiel zwischen den verschiedenen Ebenen ersichtlich.

Unterschiedliche Wirkungsebenen integrativer Prozesse (Reiser 1990a, S. 32-34)

- *Ganzheit und Abgrenzung der Person:* Auf der innerpsychischen Ebene wirken solche Prozesse integrativ, in denen ein Mensch im Austausch mit anderen Personen und/oder seiner Umwelt widersprüchliche Anteile der eigenen Person in seine Wahrnehmungs- und Ausdrucksmöglichkeiten integriert und so durch die Anerkennung der menschlichen Widersprüchlichkeit und Abhängigkeit von Austauschprozessen die Grenzen seiner Person erfährt und die Ganzheit seiner Person verwirklicht.
- *Dialog und Partizipation:* Auf der interpersonellen Ebene wirken solche Prozesse integrativ, in denen Personen in Bewegungen gegenseitiger Annäherungen und Abgrenzungen in einen Dialog treten. Dialog bedeutet die Akzeptanz der Andersartigkeit und Gleichheit der anderen Person bei gleichzeitigem deutlichen Erleben der eigenen Abgegrenztheit und Gleichheit.
- *Tätigkeit und Kooperation:* Auf der Handlungsebene wirken solche Prozesse integrativ; in denen Personen gemeinsam an einem Gegenstand/Vorhaben arbeiten mit dem Ziel, Realität zu bewältigen. Dies erfordert vielfältige und individuell gestaltbare Kooperationsmöglichkeiten.
- *Lebensweltorientierung:* Auf der situativ-ökologischen Ebene wirken solche Prozesse integrativ; in denen zwischen den Mitgliedern einer kooperierenden Gruppe und zwischen der Gruppe und ihrer Umwelt ein lebhafter Austausch stattfindet, in denen die Potentiale der Gruppenmitglieder und der Gruppe als Ganzes entfaltet werden, Umwelt zu gestalten.
- *Institutionelle Entwicklung:* Auf der institutionellen Ebene wirken solche Prozesse integrativ, bei denen Institutionen für sich wie in Kooperation mit anderen Institutionen ihre Leitvorstellungen neu definieren, ihre Mitglieder für diese Konzeptentwicklung aktivieren und sowohl innerinstitutionell wie nach außen ihre Aktivitäten und Strukturen zugunsten dieser übergeordneten Ziele verändern.
- *Demokratische Entwicklung:* Auf der Ebene gesellschaftlicher Strukturen wirken solche Prozesse integrativ, in denen Benachteiligungen abgebaut werden und die Verfassungsgrundsätze der Gleichberechtigung und sozialen Gerechtigkeit ihrer Verwirklichung näher kommen; dieser Anspruch bemisst sich insbesondere an Personen und Personengruppen, die durch strukturelle Gewalt von Ausgrenzung oder Benachteiligung bedroht sind.
- *Existentielle Erfahrungen:* Auf der transzendierenden Ebene geht es um die Verarbeitung der Erfahrung von Unvollkommenheit und Sterblichkeit, um die Verwirklichung eines persönlichen Lebenssinns im Kontext kultureller Deutungen.

2.2 Theorie integrativer Prozesse und ihrer Didaktik (Helmut Reiser)

In der Dynamik zwischen den einzelnen Ebenen verdeutlicht sich der Prozesscharakter von Integration:

> »Integration ist kein statischer Zustand, der irgendwann einmal erreicht ist. Ständig finden soziale und persönliche Entwicklungen statt und greifen ineinander. Deshalb muß auch Integration als ein Prozeß verstanden werden« (Klein et al. 1986, S. 17).

Die Antinomien, in denen sich die Pädagogik grundsätzlich bewegt (Winkel 1986; Ilien 2008; Schlömerkemper 2017), treten im Kontext der schulischen Integration besonders deutlich hervor, nicht nur, weil der integrative Erziehungs- und Bildungsauftrag im Widerspruch steht zur Selektionsfunktion der Schule, sondern auch, weil der Umgang mit Behinderungen und Beeinträchtigungen unter dem Diktat gesellschaftlicher Normalitätsentwürfe individuelle und kollektive Abwehrmechanismen hervorruft.

> »Wir gehen davon aus, daß die Wahrnehmung von Behinderung und/oder unerwünschten Verhaltensweisen Wünsche, Ängste und Aggressionen auslöst. Akzeptanz wird dann möglich, wenn die Person ihre widersprüchlichen Empfindungen und Impulse zueinander in Beziehung bringt, ohne eigene Anteile verdrängen oder verleugnen zu müssen« (Reiser et al. 1986, S. 121).

Die pädagogischen Paradoxien bedürfen einer professionellen Reflexion und machen sowohl eine innerpsychische Verarbeitung wie auch soziale Aushandlungsprozesse erforderlich. Dabei geht es final nicht um das Herstellen von Kongruenz in den persönlichen Sichtweisen zwischen den beteiligten Personen, sondern um eine gegenseitige Annäherung, die getragen wird von der Akzeptanz anderer Sichtweisen und einer Anerkennung von Vielfalt.

> »Als integrativ im allgemeinsten Sinn bezeichnen wir diejenigen Prozesse, bei denen ›Einigungen‹ zwischen widersprüchlichen innerpsychischen Anteilen, gegensätzlichen Sichtweisen, interagierenden Personen und Personengruppen zustande kommen. Einigungen erfordern nicht einheitliche Interpretationen, Ziele und Vorgehensweisen, sondern vielmehr die Bereitschaft, die Positionen der jeweils anderen gelten zu lassen, ohne diese oder die eigene Position als Abweichung zu verstehen. Einigung bedeutet den Verzicht auf die Verfolgung des Andersartigen und stattdessen die Entde-

ckung des gemeinsam Möglichen bei Akzeptanz des Unterschiedlichen« (Klein et al. 1987, S. 37 f.).

Dabei ist die innerpsychische Ebene »Grundlage aller folgenden Ebenen insofern, als ohne sie auf allen weiteren Ebenen keine Einigungen gelingen können« (Reiser et al. 1986, S. 121). Wird Integration als aktive soziale Handlung zwischen Akteur*innen betrachtet (interaktionelle Ebene), dann ist diese eingebunden in institutionelle und gesamtgesellschaftliche Rahmenbedingungen, aber sie wird ganz unmittelbar geprägt durch eine personale Ebene, wobei diese in untrennbarer Wechselwirkung mit den drei anderen Ebenen steht:

> »Die innerpsychische Verarbeitung wird beeinflußt von der Realität der Interaktionen, von institutionellen Vorgaben und den normativen Einwirkungen aus dem gesellschaftlichen Umfeld. Es ist offensichtlich, daß institutionelle Aussonderung den realen Kontakt verunmöglicht und deshalb innerpsychische Verarbeitungsprozesse erschwert [...]. Nicht ganz so offensichtlich ist, daß die institutionelle Aussonderung einer gesellschaftlichen Norm entspricht, die versucht, die Dialektik von Gleichheit und Ungleichheit durch starre Einteilungen von Individuen zum Stillstand zu bringen. Die institutionelle Einbeziehung behinderter Kinder garantiert dagegen keineswegs schon die Realisierung von Interaktionen, ja auch sie kann zur Vermeidung innerpsychischer Verarbeitungsprozesse genutzt werden, wenn nämlich versucht werden sollte, die Beziehung zu verleugnen oder ihre Bedeutung herunterzuspielen« (Reiser et al. 1986, S. 121 f.).

Integration als dynamische Balance dialektischer Gegensatzeinheiten

Die Frage der Integration verweist letztlich zurück auf das jeder menschlichen Praxis zugrundeliegende Spannungsverhältnis zwischen Individualität und Kollektivität (▶ Kap. 1.2). In der Themenzentrierten Interaktion wird dieses Verhältnis im sogenannten ersten Axiom formuliert als die Gegensatzeinheit von Autonomie und Interdependenz – dem eigentlichen »Motor der individuellen und kulturellen menschlichen Entwicklung« (Reiser 1995a, S. 18). Menschliche Beziehungen stellen sich so als individuelle Aushandlungsprozesse dialek-

2.2 Theorie integrativer Prozesse und ihrer Didaktik (Helmut Reiser)

tischer Gegensatzeinheiten dar. Zu verhandeln sind dabei »Nähe und Distanz, Abgrenzung und Annäherung, Innenperspektive und Außenperspektive, Subjektorientierung und Realitätsorientierung« (ebd.). In der Pädagogik finden diese Gegensatzeinheiten ihren Ausdruck vor allem in der Dialektik von Gleichheit und Differenz. Gemeint ist hiermit

> »einerseits die Tendenz zur Gleichheit mit anderen Menschen, zur Verbundenheit, zur Annäherung an andere, andererseits die Tendenz zur Abgrenzung, zur Differenz, zur Autonomie meiner Person« (Reiser 1991, S. 14).

Analog liegt in der dynamischen Ausbalancierung dieser gegenläufigen Tendenzen auch der »Motor integrativer Prozesse« (1991, S. 14):

> »Als integrativ bezeichne ich Prozesse, bei denen zwischen Personen, zwischen Personengruppen, zwischen inneren Persönlichkeitsanteilen Annäherung und Abgrenzung stattfinden, die eine jeweils für diese Situation passende und jeweils spezifische dynamische Balance von Gleichheit und Differenz herstellen« (ebd.).

»Integration« lässt sich folglich nicht unmittelbar »herstellen« (Reiser 1991, S. 15); vielmehr sind »integrative Prozesse [...] Wege, die in Individuen und Gruppen selbst gegangen werden müssen« (Reiser 1991, S. 16). Dabei ist »die integrative Wirkung einzelner Situationen und Ereignisse [...] erst aus dem Kontext der Entwicklung der Beziehung zu erschließen« (Reiser et al. 1986, S. 121).

Inwieweit sonderpädagogische Maßnahmen integrative Prozesse befördern oder auch behindern, ist unter anderem abhängig von der Komplexität ebendieser Maßnahmen, wie die Ergebnisse aus der Begleitforschung zum Hessischen Schulversuch zeigen:

> »Maßnahmen geringen Komplexitätsgrades sind häufig leicht zu verwirklichen, weisen jedoch nur eine geringere Wirksamkeit auf. Dagegen sind Interventionen mit einem hohen Komplexitätsgrad oft schwierig zu verwirklichen, zeigen jedoch eine differentielle Wirksamkeit: im Falle des Gelingens oft hoch, im Falle des Scheiterns gegen Null« (Reiser et al. 1984, S. 309).

Schließlich formen sich integrative – oder auch desintegrative – Erziehungs- und Bildungsprozesse immer erst in der pädagogischen

Interaktion aus. Damit treten die Rahmenbedingungen in ihrer Bedeutung hinter die konkreten sozialen Handlungen zurück, wie sie sich in der pädagogischen Beziehungsgestaltung im Unterricht und auch in der allgemeinen Kooperationskultur der Schule ausformen. Es zeigt sich also,

> »daß selbst die besten Voraussetzungen das Gelingen der integrativen Betreuung nicht garantieren. Entscheidend ist die Qualität der pädagogischen Beziehungen [...]. Der konzeptionelle und organisatorische Rahmen der Einrichtung kann positive pädagogische Beziehungen beeinträchtigen, verhindern oder ermöglichen und befördern, er kann sie jedoch nicht schaffen. Entscheidend sind innerhalb der jeweils gegebenen Rahmenbedingungen die Personen und ihre Zusammenarbeit« (Reiser 1984, S. 102).

Die damit eng verbundene Frage nach der *integrativen Kooperation* (Kreie 1985) ist vielfach aufgegriffen worden (z. B. Mutzeck 2000; Kreis, Wick & Kosorok Labhart 2016).

Weniger Beachtung wurde allerdings den pädagogisch-didaktischen Implikationen geschenkt, die bereits in der Theorie integrativer Prozesse ausformuliert worden sind. Wie Reiser (2018, S. 89) selbst rückblickend feststellt, ist das Modell nicht zuletzt daran gescheitert, dass die Theorie der integrativen Didaktik dogmatisiert wurde und in der Folge »die maximale Forderung des gemeinsamen Gegenstandes eine solche Faszination ausgeübt hat, ja, eine unrealistische Faszination ausgeübt hat«.

Wir halten diese Beobachtung für äußerst scharfsinnig und vermuten, dass die geringe Aufmerksamkeit, die der didaktischen Theorie Reisers zuteilwurde, unter anderem mit der dialektischen Betrachtungsweise zu tun hat, auf die sie sich gründet. Als Theorieskizze für den gemeinsamen Unterricht entwirft sie zugleich ein realistisches, d. h. vor allem auch: gesellschaftskritisches Bild von der integrativen Erziehung – in all ihren inneren und äußeren Widersprüchlichkeiten. Damit übt sie – trotz der vorbehaltlosen Zustimmung zur Zielsetzung pädagogischer Integration – zugleich Ideologiekritik an der Überhöhung integrativer Erziehung und der Verklärung ihrer Paradoxien und Grenzen.

2.2 Theorie integrativer Prozesse und ihrer Didaktik (Helmut Reiser)

Einer breiten Rezeption dürfte auch der Umstand entgegengewirkt haben, dass die didaktischen Überlegungen Reisers über eine Vielzahl von Forschungsberichten sowie eine ganze Reihe sonstiger Veröffentlichungen verstreut sind und die einzige Monographie, in der die didaktische Quintessenz noch einmal gebündelt hervortritt, unter einem integrationspädagogisch wie didaktisch wenig »werbewirksamem« Titel (»Themenzentrierte Interaktion als Pädagogik«: Reiser & Lotz 1995) publiziert wurde.

Im folgenden Kapitel wird daher der Versuch unternommen, die theoretischen Überlegungen zu einer Integrativen Didaktik von Helmut Reiser in einen argumentativen Gesamtzusammenhang zu bringen. Wir schicken den Hinweis voraus, dass dieser Versuch an dieser Stelle aufgrund der Materialfülle unvollendet bleiben wird, verbunden mit der großen Hoffnung, vielleicht dazu anregen zu können, diesem Diskurspfad weiter zu folgen.

2.2.2 Zur Theorie des gemeinsamen Unterrichts (»Integrative Didaktik«)

Bereits in seiner von Klaus Mollenhauer betreuten Dissertationsschrift behandelte Reiser (1972) didaktische Fragestellungen. Die eigenen Erfahrungen aus dem Unterricht mit »seelisch gestörten« Kindern und Jugendlichen – Reiser war lange Zeit als Lehrkraft an »Sonderschulen für Verhaltensgestörte« tätig – führen zu dem Entwurf eines didaktischen Modells für einen schülerzentrierten konfliktverarbeitenden Religionsunterricht auf psychoanalytischer Grundlage. Identitätsproblematiken von Schüler*innen werden in dem Modell im Rahmen der »dynamisch-didaktischen« Analyse aufgegriffen und in Bezugnahme auf die Ich-psychologische Perspektive wird das »Durcharbeiten der Widerstände« so zu einer pädagogisch-therapeutischen Zielsetzung schulischer Lernprozesse ausformuliert. Der emanzipatorische Bildungsauftrag wird dabei verfolgt über die »Behandlung des Sozialisationsschicksals als Gegenstand des Unterrichts« (Reiser 1972, S. 118).

Rund zwanzig Jahre – und ein gutes Dutzend Forschungsprojekte – später differenziert Reiser sein Unterrichtsmodell weiter aus. In der gemeinsam mit Walter Lotz verfassten Monographie »Themenzentrierte Interaktion als Pädagogik« (Reiser & Lotz 1995) entwirft Reiser (1995a; b; c; d) ein Unterrichtsmodell, das sich als ein allgemeindidaktischer Ansatz versteht, der aber zugleich auch Perspektiven für die pädagogisch-didaktische Bearbeitung schulischer Lern- und Verhaltensprobleme aufzeigt. Hiermit liegt ein fundierter Beitrag zur (»integrativen«) Didaktik vor, der – im Vergleich zu den ausführlichen Elaboraten vieler monumentaler didaktischer Werke – in höchst komprimierter Form eine theoretische Grundlegung für den gemeinsamen Unterricht skizziert.

Den Ausgangspunkt für die vorliegende theoretische Skizze des gemeinsamen Unterrichts bilden die empirischen Untersuchungen, die Reiser im Rahmen der wissenschaftlichen Begleitforschung zu einigen integrativen Modellversuchen an Hessischen Grundschulen durchgeführt hat.

Empirische Untersuchungen zur Praxis des integrativen Unterrichts

Die ersten wissenschaftlichen Begleitstudien seit Mitte der 1970er Jahre führen zur Entwicklung eines theoretischen Grundgerüsts, der Theorie integrativer Prozesse, die im Laufe anschließender Forschungsarbeiten weiter ausdifferenziert wird.

Ab Anfang der 1990er Jahren rücken in den Forschungspublikationen des Frankfurter Teams dann pointiert die didaktischen Ableitungen in das Zentrum der Analysen (Cowlan et al. 1991; 1994). Ein umfassender und in sich geschlossener Entwurf wird letztlich nicht vorgelegt, aber die zentralen theoretischen Überlegungen entfaltet Reiser – gemeinsam mit Walter Lotz – in der bereits zitierten Monographie (Reiser & Lotz 1995).

Im Zwischenbericht zur wissenschaftlichen Begleitung des integrativen Schulversuchs der Evangelischen Französisch-reformierten Gemeinde in Frankfurt am Main (Cowlan et al. 1991) liegt der Schwerpunkt in der wissenschaftlichen Auswertung der Lernerfahrungen von Schüler*innen in verschiedenen Unterrichtsbereichen (Schreiben, Rechnen, musischer Bereich, Bewegungserziehung, lebenspraktischer Bereich, fächerübergreifende Bereiche sowie die spezifischen Lernerfahrungen in der Auseinandersetzung mit dem Anderssein). Dokumentiert und kommentiert werden in diesen Abschnitten (Kapitel 7 des Zwischenberichts) exemplarische Unterrichtssituationen. Die Präsentation dieser Praxisbeobachtungen ermöglicht variationsreiche Einblicke in die Vielfalt der Unterrichtsformate und Lernformen im gemeinsamen Unterricht. Darüber hinaus werden unterschiedliche Wege rekonstruiert, welche spezifischen Lernerfahrungen der Unterricht anregen kann und inwiefern Lerngelegenheiten geschaffen werden können, die eine Auseinandersetzung mit den Themen Heterogenität, Diversität und »Anderssein« ermöglichen. Inhaltlich gruppierten sich diese Lerngelegenheiten um thematische Aspekte wie »Nebeneinander – Nichtbefassen«, »Stören – Gestörtsein«, »Suche nach Vorstellungen, Erklärungsversuche bezüglich des Andersseins«, »Abgrenzen – Abweisen – Ausgrenzen«, »Zuwenden – Helfen« (vgl. Kapitel 7.3 in Cowlan et al. 1991).

Als relevante Elemente in der Praxis des integrativen Unterrichts werden neben den personalen Aspekten (Schüler*innen und Lehrkräfte) Räume, Sitzordnung, offener Anfang und Morgenkreis, Freiarbeit und Wochenplan, innere und äußere Differenzierung sowie fächerübergreifende Unterrichtsvorhaben etwa in Form von Projektunterricht herausgestellt (Cowlan et al. 1994, S. 111 ff.).

Zielsetzungen und Komplexitätsebenen des gemeinsamen Unterrichts

Das Team der wissenschaftlichen Begleitung formuliert an den integrativen Unterricht den Anspruch, dass in

> »der heterogenen Schülergruppe jedes Kind optimal individuell gefördert wird in seiner psychomotorischen, kognitiven, emotionalen wie sozialen, umfassender: in seiner ganzheitlichen Entwicklung, so daß das Kind sich nicht nur in seiner Individualität erfährt, sondern auch die anderen verstehen und akzeptieren lernt und sich mit den anderen als eine Gemeinschaft begreift, in der jedes Individuum seinen Platz hat« (Cowlan et al. 1991, S. 124).

2 Theorieperspektiven

Dabei versteht Reiser (1990c, S. 297) die »integrative Didaktik« als einen allgemeinpädagogischen Ansatz: »Integration als universelle Forderung [...] formuliert ein allgemeines pädagogisches Postulat« und entsprechend entwirft eine »Integrative Didaktik [...] überall gültige didaktische Grundsätze«.

> »Integrative Pädagogik und Didaktik ist nichts anderes als Pädagogik und Didaktik für heterogene Lerngruppen und deshalb nichts anderes als Pädagogik schlechthin. Sie beginnt überall dort, wo Heterogenität nicht als Anlaß für Ausgrenzung, sondern als Chance für Lernprozesse genommen wird« (Reiser 1990b, S. 264).

Von dieser Zielsetzung ausgehend führt die wissenschaftliche Begleitung integrativer pädagogischer Prozesse in Schulklassen zu einem komplexen Verständnis des gemeinsamen Unterrichts, das die in der Theorie integrativer Prozesse herausgearbeiteten Komplexitätsebenen aufgreift.

Dem Prozesscharakter von Integration folgend wird auch der gemeinsame Unterricht nicht als ein Stadium, sondern als eine Zielperspektive betrachtet:

> »Da die Beteiligten, ihre Beziehungen, die Aspekte des Unterrichts und die Gruppenbeziehungen ein lebendiges Ganzes darstellen, das sich über die verschiedenen Aktivitäten und Interessen in dauernder Bewegung befindet, kann die Balance kein festgeschriebener Zustand sein. Sie ist der Prozeß, in dem die verschiedenen Momente ständig in Richtung einer Ausgewogenheit aufeinander bezogen und variiert werden. Es erfordert die Flexibilität und Kompetenz der LehrerInnen, jedes Moment in die Position zurückzuholen, die im Gesamtarrangement sinnvoll ist« (Cowlan et al. 1991, S. 128).

Mit dem integrativen Erziehungs- und Bildungsauftrag formuliert sich die Herausforderung, Individualisierung und Gemeinsamkeit unter den Bedingungen erhöhter Heterogenität der Lernenden im Unterricht pädagogisch-didaktisch zusammenzuführen. Für die didaktische Theoriebildung stellt sich das Problem als eine Frage nach dem »Zusammenhang von Gruppe, Struktur, Thema und Leitung« (Cowlan et al. 1994, S. 111 ff.).

2.2 Theorie integrativer Prozesse und ihrer Didaktik (Helmut Reiser)

Zielperspektiven des integrativen Unterrichts (nach Cowlan et al. 1991, S. 127 f.)

Integrativ ist der Unterricht dann, wenn ...

... die angestrebte Balance dem einzelnen Schüler/der einzelnen Schülerin die Möglichkeit und Hilfe gibt, seine/ihre Schwächen und Stärken wahrzunehmen, sie zu akzeptieren und/oder daran weiterzuarbeiten (*innerpsychische Ebene*);

... die angestrebte Balance den SchülerInnen untereinander die Möglichkeit und Hilfe gibt, Schwächen und Stärken der anderen wahrzunehmen und sie dabei als andere Individuuen – nicht als solche mit anderer Wertigkeit – anzuerkennen. In diesem Sinn wirkt der Unterricht integrativ, wenn er die Schüler und Schülerinnen zu einem Dialog befähigt, in dem sie das Anderssein und die Gleichheit der anderen Person akzeptieren und sich gegenseitig annähern können, ohne die eigene Identität aufzugeben (*interpersonelle Ebene*);

... er den Kindern die Gelegenheit gibt, an gemeinsamen Vorhaben zu arbeiten, d. h. daß im Unterricht ein Arbeits- und Lernzusammenhang hergestellt wird, der in Ziel und Ablauf die tätige Teilnahme der Schüler und Schülerinnen mit ihren unterschiedlichen Fähigkeiten ermöglicht (*Handlungsebene*);

... er lebensweltlich orientiert ist. Zwischen der Klasse bzw. Schülergruppe und der Umwelt findet dann ein Austausch statt, in welchem jedes einzelne Kind sowie die Gruppe als Ganzes über den schulischen Zusammenhang hinaus realitätsgestaltend tätig werden kann (*situativ-ökologische Ebene*).

Eine integrative Wirkung hat der Unterricht, wenn...

... er Prozesse in Gang setzt, bei denen Institutionen für sich oder in Kooperation mit anderen Institutionen ihre Leitvorstellungen neu definieren. Hierzu gehört sowohl die Beteiligung der Institutionen an der Konzeptentwicklung sowie auch die Durchsetzung von Strukturen, die die Realisierung der Konzepte ermöglichen (*institutionelle Ebene*);

... von ihm Impulse ausgehen, die das demokratische Bewusstsein in der Gesellschaft stärken. Den Verfassungsgrundsätzen von Gleichberechtigung und sozialer Gerechtigkeit näher zu kommen, dieser Anspruch bemißt sich insbesondere an Personen und Personengruppen, die durch strukturelle Gewalt von Benachteiligung und Ausgrenzung bedroht sind (*gesellschaftliche Ebene*).

2 Theorieperspektiven

In der wissenschaftlichen Begleitung der schulischen Integrationspraxis wurden drei verschiedene Lösungsstrategien beobachtet, um dieser Herausforderung im Unterricht zu begegnen: eine dieser Strategien beruht auf der Arbeitsteilung zwischen den Lehrkräften durch abgegrenzte Zuständigkeitsbereiche; demgegenüber setzt eine zweite Strategie auf eine flexible arbeitsgleiche Rollenverteilung; eine dritte Strategie ist durch die individualisierte Betreuung in der Klassengemeinschaft charakterisiert (Cowlan et al. 1994, S. 147 ff.).

Mit einer jeden dieser Lösungsstrategien gehen zugleich spezifische Vor- und Nachteile einher. Die real-existierende Unterrichtspraxis weicht somit von den theoretischen Idealvorstellungen des gemeinsamen Unterrichts ab.

>»Die in der integrationsdidaktischen Literatur zumeist vertretene Ansicht, daß Projekte oder Vorhaben den Kern der integrativen Unterrichtsgestaltung ausmachen und so angelegt sein müssen, daß alle Kinder zu ihrer Durchführung etwas beitragen können oder gar an einem gemeinsamen Gegenstand arbeiten können, bestätigt sich in unseren Beobachtungsklassen nicht. Vielmehr stellt sich eine breite Palette von Situationen und Ereignissen heraus, die integrativ wirken, und entsprechend ein Spektrum von Gestaltungsmomenten. Tragend sind zunächst die Rahmenhandlungen des Zusammenlebens im Klassenraum, wie Anfangsrituale, Gesprächskreise, Raumausschmückungen, gemeinsames Spielen und Singen. Diese gemeinsamen Gestaltungen sind zumeist kreativ angelegt und greifen situativ Anregungen und Erlebnisse der Kinder auf. Der situative und kreative Ansatz ermöglicht es, daß individuelle Bedürfnisse in die gemeinsamen Gestaltungen eingehen und individuelle Beiträge beachtet werden. Wenn Rituale und Gewohnheiten des Zusammenlebens erstarren, können sie diese Funktion nicht mehr erfüllen. Sie bedürfen hoher Flexibilität« (Cowlan et al. 1994, S. 313).

Dabei wird besonders deutlich, dass die integrativen Prozesse letztlich durch eine situationsspezifische Pädagogik und weniger durch Technologien und Programmatiken (oder Ideologien) gefördert werden. Eindrucksvoll wird im Forschungsbericht diese pädagogische Orientierung geschildert:

2.2 Theorie integrativer Prozesse und ihrer Didaktik (Helmut Reiser)

»Die Lehrer/-innen verfolgen dabei eine sozial-integrative Absicht, die sie über Raumeinteilungen, Sitzordnungen, Aufgaben zur Zusammenarbeit mit bestimmten Kindern etc. zu verwirklichen suchen. In den Berichten der Lehrkräfte wird deutlich, daß aus diesem Interaktionszusammenhang im Klassenzimmer, im Schulgebäude, auf dem Pausenhof und dem Schulweg Gesprächsthemen entstehen, die für das Thema Verschiedenheit und Gemeinsamkeit von hoher Bedeutung sind. Hier werden zwischen Kindern Themen wie Behinderung, Krankheiten, soziale Auffälligkeit, Tüchtigkeit, Erfolg, Ansehen, Freundschaft, Ablehnung etc. verhandelt, die oft von den Lehrer/ -innen aufgegriffen werden. Zumeist geschieht dies in situativen Gesprächsanlässen ›nebenher‹, aber auch häufig in den Klassengesprächen. Selten werden derartige Themen auch zu Unterrichtsthemen erhoben und systematisch bearbeitet« (Cowlan et al. 1994, S. 313).

Insofern resümieren die Autor*innen der Begleitstudie mit Hinblick auf die »Idealvorstellungen von integrativem Unterricht«: »Eine Schul- und Unterrichtsstruktur, die für alle Kinder nur Vorteile bietet, müßte erst noch gefunden werden« (Cowlan et al. 1994, S. 155). Grundsätzlich aber gilt:

»Die Integration in den allgemeinen Unterricht gelingt umso eher, je breiter die Binnendifferenzierung angelegt ist und je mehr für alle Kinder gemeinsame Themen bearbeitet werden« (Cowlan et al. 1994, S. 315).

Das Modell der Themenzentrierte Interaktion als Beitrag zu einer integrativen Didaktik

Die didaktischen Implikationen der Theorie integrativer Prozesse werden in späteren Schriften weiter ausgearbeitet. Unter Bezugnahme auf die Themenzentrierte Interaktion entwickelt Reiser (1995a; b; c; d) ein Modell, das schulisches Lernen und Schulunterricht als Entwicklungsprozesse in gemeinsamen Gruppensituationen beschreibt, bei dem die didaktische Aufgabe darin besteht, individuelle und kollektive Aneignungsprozesse dynamisch auszubalancieren.

Zugleich erweitert das didaktische Modell den gemeinsamen Unterricht um eine therapeutische Dimension, womit eine stärkere Fokussierung auf sonderpädagogische Fragestellungen wie etwa den

Umgang mit Unterrichtsstörungen ermöglicht wird. Das Unterrichtsmodell wird im vierten Kapitel ausführlicher behandelt (▸ Kap. 4.2.3).

2.3 Pädagogik der Vielfalt (Annedore Prengel)

Mit ihrer »Pädagogik der Vielfalt« hat Annedore Prengel (1993) ein Standardwerk der Integrationspädagogik geschrieben, das 30 Jahre nach dem erstmaligen Erscheinen noch hochaktuell ist. Mit der darin eingenommenen Perspektive wird zugleich der Hintergrund deutlich, vor dem die Arbeit entstanden ist. Differenzen zu denken, ohne sie zugunsten eines Ganzen zu negieren und ohne eine emanzipatorische Vision zu vernachlässigen. Dies stellt das eigene Denken und eigene Haltung vor notwendige Herausforderungen, birgt eine treffende Beschreibung der Widersprüchlichkeit pädagogischen Handelns. Die theoretische Verknüpfung von Geschlechterpädagogik, Interkultureller Pädagogik und Behindertenpädagogik ist der Versuch, die Vielfalt der Welt zu interpretieren, denn sie lässt sich nie ganz begreifen, ein Hinweis, der immer wieder wichtig ist, weil paternalistische Bevormundung leicht übersehen wird. Fragen des pädagogischen Umgangs mit Heterogenität, wie sie aktuell die schulpädagogische Diskussion okkupieren (▸ Kap. 1.1.1), sind Grundmerkmal einer jeden Gemeinschaft von Menschen. Der reflexive Umgang lässt die Anerkennung für die Lebensentwürfe Anderer entstehen.

In der Pädagogik der Vielfalt versucht Prengel (1993), im Rahmen der Anerkennungstheorie von Axel Honneth (1992) mit dem Begriff der »egalitären Differenz« die Möglichkeiten menschlicher Entwicklung jeder einzelnen Person demokratisch einzuholen und daraus eben gerade keine Hierarchie zu entwickeln, sondern die Gleichheit (im Sinne von Gleichberechtigung) trotz Ungleichheit zwischen unterschiedlichen Lebensentwürfen herauszustellen. Dies ist nicht durch eine Negierung von Differenz zu erreichen, denn Aussagen über Menschen müssen berücksichtigen, dass nie alles über eine Lebens-

2.3 Pädagogik der Vielfalt (Annedore Prengel)

weise bekannt ist. Lebensweisen sind in sich heterogen und widersprüchlich. Zu beweisen, dass Frauen oder Behinderte auch zu den Menschen gehören, gleichartig sind, ist nichts weiter als Anpassung an bestehende herrschaftliche Ordnungen. Differente Lebensweise dürfen dabei jedoch ebenso nicht pauschal als »gut« gegen Kritik immunisiert werden, sie sind ebenfalls nicht immer nur Opfer oder schutzbedürftig.

Aber erst die Anerkennung ohne Voraussetzungen schafft Gleichheit. Universelle Gemeinsamkeiten aller Menschen existieren ebenso wie individuelle Differenzen. Notwendig sind daher flexible Rahmenbedingungen, in denen Freiheit und Heterogenität ermöglicht werden soll. Dies geht jedoch nicht ohne Normativität, die wiederum kein starres Regelwerk sein kann. Das »Wir« der notwendigen Kollektivität besteht nicht jenseits der Einzelnen, sondern ist aus ihnen zusammengesetzt ohne untereinander identische Persönlichkeiten auszubilden. Sie können sich aber aufeinander einstellen und miteinander etwas anfangen.

> »Faszinierend war, dass solche Imaginationen von Pluralität nicht zu Trennungen und Isolation führen mussten, sondern dass Verschiedenes in einem gemeinsamen Raum, in einem gemeinsamen Rahmen, Platz hat, wo es sich wechselseitig bereichern und dynamisch verändern kann« (Prengel 2018, S. 20).

Die »Elemente einer Pädagogik der Vielfalt« fasst Prengel (1993, S. 183 ff.) in 17 Thesen zusammen, in denen sich zeigt, wie sehr das Verhältnis zwischen Lehrer*in und Schüler*in von der reflexiven Haltung der Lehrer*in bestimmt wird und dass vor allem subjektive Theorien diese Prozesse überlagern. Diese Subjektivität kann jedoch der Reflexion zugänglich gemacht werden, etwa hinsichtlich der Rolle, die sie im Schulalltag spielt.

Ausgehend von der Selbstachtung (These 1) können Andere als Andere kennengelernt, unterschiedliche Entwicklungen als solche erkannt und wertgeschätzt werden. In der dann gemeinsamen Erfahrung dieser Wertschätzung liegt die Basis von Anerkennung (These 2 und 3). Denn nur in der Verschiedenheit kann das Trennende und Gemeinsame entdeckt werden. Dazu gehört die eigene Begrenztheit, die Entfaltung von Lebensfreude trotz Unfähigkeit oder bislang fehlender Möglichkeiten (These 6). Diese »Trauerarbeit«, die »Akzeptanz der Begrenztheitserfahrung« (Prengel 1993, S. 190) engt weniger ein, als sie den Blick für Potentiale, die vorhanden sind, für die realen Möglichkeiten der Entgrenzung öffnet. Auch Prengel spricht von Prozessen, spricht sich gegen feste Definitionen und Leitbilder aus, für die Achtung der Mitwelt (Thesen 8, 9 und 1). Lehrer*innen benötigen Aufmerksamkeit für individuelle und kollektive Geschichte(n), für die gesellschaftlichen und ökonomischen Bedingungen unter denen Schule stattfindet (Thesen 10 und 11). Die Thesen 13 bis 15 geben didaktische Hinweise, insbesondere in These 15 geht es um die Chance »Störungen« als Reflexionsebene zu nutzen. Lehrer*innen müssen sich ebenso anerkannt fühlen, wenn sie Schüler*innen dazu befähigen sollen. Schule wiederum soll Möglichkeiten bieten, das Recht auf Bildung auch umzusetzen, Lehrer*innen nicht daran hindern, dies wahrzunehmen. Das verweist auf den institutionellen Zusammenhang von Lehrerhandeln und Schule und dass Inklusion nicht ohne eine strukturelle Veränderung zu denken ist.

Damit sind die wesentlichen Problematiken, die auch aktuell Schulentwicklung und Inklusion betreffen, angesprochen. Die vielfältigen strukturellen Diskriminierungen im Schulsystem, die Verzerrung von Bildung zur Kompetenzvermittlung, die (ungenügenden) Arbeitsbedingungen von Lehrer*innen bleiben die Konflikte auch in näherer Zukunft.

In weiteren Arbeiten zur Inklusion in der Grundschule und zum Interaktionsverhältnis zwischen Lehrer*innen und Schüler*innen bringt Prengel (2013; Prengel & Winklhofer 2014) den empirischen Nachweis, dass sich Anerkennungsverhältnisse in pädagogischen Beziehungen zwischen Verletzung, Ambivalenz und tatsächlich praktizierter Anerkennung bewegen.

»Die Qualität pädagogischer Beziehungen beeinflusst in allen Bildungsstufen psychosoziale Entwicklungen, kognitive Lernprozesse und gesellschaftliche Sozialisation maßgeblich« (Prengel 2018, S. 15).

2.4 Theorie der trilemmatischen Inklusion (Mai-Anh Boger)

Mai-Anh Boger (2015) verweist mit ihrem »Projekt, das sich ›Theorie der trilemmatischen Inklusion‹ nennt«, auf ein Unterfangen, was unterschiedliche Zugänge und Schlussfolgerungen zur Darstellung bringt. Das in mehrere Werke aufgeteilte Projekt – den drei thematischen Bänden zu den Subjekten (Band 1), Politiken (Band 2) und Theorien (Band 3) der Inklusion ist ein eigener Methodenband vorgereiht – fordert dazu auf, mitzufühlen, mitzudiskutieren und mitzudenken. Zusammengedacht bieten die Theorie, die Subjekte, die Politiken und die Methode der sozialwissenschaftlichen Kartierung die Möglichkeit, einen Überblick über die theoretische Diskurslandschaft zu erhalten, »den vorhandenen Reichtum an Gedanken, Perspektiven, Widerstandsformen und Argumentationslinien zu vernetzen« (Boger 2019, S. 12). Inklusion ist Boger (2017) zufolge »als Vereinigungszeichen sexismus-, rassismus-, ableismus- und klassismuskritischer Theoriebildung zu verstehen«, weswegen »Inklusion« synonym zu Differenzgerechtigkeit oder ex negativo: Nicht-Diskriminierung/Diskriminierungsfreiheit gestellt wird. Unter den Dimensionen Normalisierung, Empowerment und De-Kategorisierung lässt sich Inklusion beschreiben als Machtkritik an der Normalität, als Verweis auf phänomenologische Prozesse der Verkörperung von Diskriminierung und als Begehren Betroffener »nach der Produktion von anderen Bildern und Geschichten, die es vermögen, Stereotypen und Klischees, falschen Vorstellungen und entwertenden Narrativen von Andersheit* etwas entgegen zu setzen« (ebd.). Darüber hinaus ist ihre Herangehensweise ein Vorschlag den bei Prengel angesprochenen Faden der reflektierten Haltung aktuell unter veränderter Perspektive wiederaufzunehmen.

Mit Empowerment sind alle Forderungen gemeint, sich selbst zu ermächtigen und Einfluss auf die Verhältnisse ausüben zu können. »Dies geht einher mit einer Sensibilisierung für Diskriminierungsprozesse (›awareness‹), dem Reflektieren der eigenen Privilegien und es geht um Empathie« (Boger 2015, S. 52). Wichtig sind nach Boger hier auch Solidarisierungen (zwischen den Kindern, zwischen den Lehrer*innen) bzw. der Aspekt der Wut, den es zu beachten gilt. »Ohne dieses kämpferische Element, ohne diese Solidarität, käme Inklusion nicht voran« (ebd.). Empowerment verdeutlicht, dass für Diskrimierung nicht die einzelne Person verantwortlich gemacht werden kann und dass die Betroffenen nicht schuld daran sind, beispielsweise durch fehlende Begabung, die Einschränkungen und »disability«.

Mit *Normalisierung* ist ein Aspekt angesprochen, der für die moderne Gesellschaft vielfältig wirkmächtig ist: die Normalität. Hier sind alle Forderungen relevant, die zeigen, dass Alle zu dieser Normalität, was auch immer das sein mag, dazu gehören wollen.

> »So problematisch der Begriff der ›Normalität‹ auch sein mag, kann Inklusion ohne solche Normalisierungen nicht gelingen. Es muss ein Recht geben, an dieser Normalität teilzuhaben« (Boger 2015, S. 53).

Gemeint sind hier Menschenrechte, Bürgerrechte, die besonders bei Behinderung immer wieder reduziert sind oder auch in Frage gestellt werden.

Mit *Dekonstruktion* sind alle Forderungen gemeint, die Welt nicht mehr in binäre Codes, »männlich/weiblich« oder »behindert/nichtbehindert« oder »gesund/krank« zu ordnen, da die Kategorisierung von Menschen zu Labeling und Stigmatisierung führt, sobald der soziale Status vor die Person geschoben wird. Niemand ist nur »behindert« oder nur »männlich«.

Jeder dieser Zugänge, so Boger, kann zu Recht für sich beanspruchen, den Ansprüchen mindestens einer Betroffenenbewegung gerecht zu werden. Aus Betroffenenperspektive geht es bei dem Trilemma darum, dass die drei Grundformen des Begehrens des diskriminierten Subjekts in einem dissonanten Verhältnis zu einander stehen: das Begehren, als »Anderer« bei den »Normalen« mitspielen zu dürfen (EN), das Begehren, in seiner Individualität ohne Zuschreibung von »Andersheit« gesehen zu werden (ND), und das Begehren, in

2.4 Theorie der trilemmatischen Inklusion (Mai-Anh Boger)

seiner Eigenheit sein zu dürfen und sich nicht verstecken oder anpassen zu müssen (DE). Diese dissonanten Begehrensformen erzeugen eine permanente Hintergrundspannung im diskriminierten Subjekt.

»Diese Tatsache sorgt dafür, dass es – um es einmal deutlich zu formulieren – keine Kunst ist, Betroffene zu finden, die man sich zu Legitimationszwecken oder zur moralischen Absolution vor den Karren spannen kann. Das Konzept der Betroffenhoheit ist daher im trilemmatischen Streit ausgesetzt, da alle drei paradigmatischen Grundformen der Inklusionsforschung und -theoriebildung ihre Anhänger_innen haben. Vielmehr geht es darum zu verstehen, welchen Ansprüchen von Betroffenen man gerecht wird und welchen nicht« (Boger 2017, ohne Seitenangabe).

Trilemma – bedeutet, dass immer nur zwei der Forderungen zugleich bearbeitet werden können:

1. Ohne die Anerkennung von Behinderung als Normalisierung kann ein Empowermentprozess der betreffenden Personen nicht stattfinden. Hier geht es um politische Bewusstseinsbildung, die nur dadurch erfolgen kann, dass eine Kategorie wie Behinderung als Analysekategorie dient. Es kann also nicht gleichzeitig die Kategorie der Förderschüler*innen dekonstruiert werden, wenn dessen Diskriminierung thematisiert werden soll;
2. Ohne die Anerkennung von Behinderung als zur Normalität gehörend (»Es ist normal, verschieden zu sein« oder »Behinderung ist auch normal«) kann diese Kategorie nicht dekonstruiert werden. Damit fällt jedoch die politische Bewusstseinsbildung als spezifisch Behinderte schwer. Die Stimme als Behinderte zu erheben, wenn Behinderte dazu gehören, macht sie dann zu einer größeren Gruppe gehörig oder eben potentiell als Alle. »Wie kann Solidarisierung ohne Zwei-Gruppen-Theorie aussehen?« (Boger 2015, S. 56). Damit wird es auch schwierig, Etikettierungen oder die Abwertung von »Andersheit« zu thematisieren.
3. Ohne die Anerkennung von Empowerment kann Dekonstruktion nicht stattfinden. Dabei kann die Normalität schwer in Frage gestellt werden, mitunter ist sie auch nicht gewollt. So etwa als

»Disability Pride« oder der »Krüppelbewegung«, die eine Teilhabe an der »Normalität« nicht als erstes anstreben. »Andersheit« wird nicht geleugnet und damit auch der Versuch abgewehrt, die Anderen zu normalisieren, was vor allem Anpassung kritisiert.

Das Paradoxe des Trilemmas selbst ist also, dass es ohne diese Forderungen nicht geht, sie alle drei aber nie gleichzeitig verhandelt werden können. »Wie aber erkennen wir, was gerade nötig ist? Wie erkennen wir Ungleichgewichte in diesem Dreieck?« (Boger 2015, S. 59). Das erinnert an Annedore Prengels egalitäre Differenz und deren paradoxer Grundstruktur. Notwendig wird eine Bewusstmachung der blinden Flecken, der auch damit zu tun hat, dass Gesellschaft als Ganzes schwer zu verändern, aber vielleicht doch nicht so hermetisch in Teilbereichen verstellt ist, in denen wir Verantwortung tragen. Das Trilemma erzwingt geradezu die (theoretischen) Analyse, welche Sätze jeweils aktuell die beiden wichtigen sind.

> »Dadurch gelangt die Deutungshoheit darüber, was Inklusion ist, wieder in die Hände der Betroffenen (beziehungsweise im Falle noch sehr junger Kinder in die Hände der das Kind begleitenden Eltern und/oder Pädagogen/-innen). Inklusion ist dann nichts mehr, das verordnet wird wie die Regierung es empfiehlt und auch nichts mehr, das so zu laufen hat wie vom Lehrer geplant, sondern Inklusion ist dann ein Bündel an politischen Forderungen, Bildungs- und Entwicklungsaufgaben, Bedürfnissen und Hoffnungen, die uns die Kinder selbst mitteilen« (Boger 2015, S. 60).

Mit Blick auf die Schulpädagogik plädiert Boger (2015, S. 60) für eine »Schule für Alle«, die flexibel genug ist, den unterschiedlichen Bedürfnissen nachzukommen, keine rigide räumliche und organisationelle Trennung zwischen Förder- und Regelschule aufrecht zu erhalten. Problematisch sind Forderungen nach Separation von Seiten der Förderschule aus, die dann unter anderem in den Vorwurf münden, sich gar nicht integrieren zu wollen. Differenzierung hat auch damit zu tun, Individualisierung auch in »Schutzzonen« zu betreiben, verbunden jedoch mit der auch bei Prengel bereits angelegten anschließenden (Wieder)Zusammenführung in einem größeren Zusammenhang.

2.4 Theorie der trilemmatischen Inklusion (Mai-Anh Boger)

Gewinnbringend ist diese Perspektive, weil sie prognostiziert, dass die Überwindung des Trilemmas scheitern muss. Alle drei Dimensionen lassen sich nicht zugleich verwirklichen, weshalb es notwendig ist, in einen Dialog einzutreten und sich taktisch geschickt im jeweiligen Kontext politisch agierend zu zeigen bzw. den jeweiligen blinden Fleck mitzureflektieren. Wer Normalisierung und Empowerment zusammen möchte kann nicht De-Kategorisierung betreiben, wer ohne Kategorien denkt und Empowerment betreibt, hat mit es mit Normalisierung schwer und wer Normalisierung und De-Kategorisierung betreibt, kann sehr schwer »empowernd« wirken.

Ein zweiter von Boger (2017) benannter Aspekt ist ein spezifisch pädagogischer. Inklusive Pädagogik ist, wie alle Pädagogik, nicht technologisierbar, höchstens professionalisierungsbedürftig, und es kann auf der Ebene der Theoriebildung keine »Supertheorie« geben, die alle Ansprüche von Betroffenengruppen gerecht wird. Denn, das wird gern vergessen, auch Lehrer*innen sind hier Betroffene. Diese Dilemmata – Anwalt gegen Paternalismus zu sein und sich dafür auszusprechen, die Fü(h)rsprache und Fü(h)rsorge auszusetzen oder seine Macht zu nutzen, um zu verändern,

> »dass Menschen wie man selbst in mächtigen Positionen überrepräsentiert sind und ständig darüber zu reden, dass man öfter mal schweigen und die Anderen* sprechen lassen sollte; Andersheit wertschätzen zu wollen, ohne die Zuschreibung von Andersheit zu reproduzieren – sind die ambivalenten Momente des Alliierten-Daseins gegen Diskriminierung« (Boger 2016, S. 85).

Resümieren könnte man mit Boger (2017), dass es der Inklusionsforschung darum geht, das Undenkbare irgendwie trotzdem zu denken, Inkommensurables doch wieder sinnhaft zu verketten, weil der Gegenstand es einfordert. In diesem Sinne lässt sich Mai-Anh Bogers komplette Buchreihe als Werkzeugkiste lesen, die es ermöglicht feministisches, »ver-rücktes« und behindertes Begehren zu formulieren. Die einzelnen Begehrensanker bieten eine große Vielzahl an Perspektiven, um eigenem Begehren nachzuspüren und zugleich fremdes verstehbar zu machen.

Mai-Anh Boger leistet zugleich noch etwas: Sie gibt wissenschaftliche Methodik an die Hand, wie dieses »Verstehen« für all jene möglich ist, die bestimmte Lebenswirklichkeiten nicht kennen. – Eine Pädagogik der Vielfalt für das 21. Jahrhundert, ohne die ältere ad acta zu legen.

3

Forschungsstand

Folgt man der Unterscheidung zwischen einem »engen« und einem »weiten« Konzept des Inklusionsbegriffs, wie sie in der pädagogischen Diskussion häufig vorgenommen wird (▶ Kap. 1.1.1), so könnte die Darstellung von Forschungsergebnissen entweder vorrangig auf die sonderpädagogischen Differenzkategorien »Behinderung« und »sonderpädagogischen Förderbedarf« abstellen oder aber auch alle möglichen Heterogenitätsmerkmale in Betracht ziehen – in beiden Fällen ist allerdings ein überkomplexer Gegenstandsbereich markiert, für den das Vorhaben einer umfassenden Forschungssynthese im Vorhinein bereits zum Scheitern verurteilt sein muss. Die Komplexitätsreduktion, mit der in der Gegenwart wissenschaftliche, ja eigentlich eher bildungsadministrative Fragestellungen zunehmend forschungsmethodologisch verkürzt abgehandelt werden, mit dem

Ziel, verwertbares technologisches Steuerungswissen zu generieren, geht an einer Forschung vorbei, die auf eine kritische Betrachtung realer Verhältnisse abzielt. Anstatt wissenschaftliche Pseudo-Wahrheiten zu verkünden, kann es an dieser Stelle also nur um einen Versuch gehen, die Themen und Methoden der pädagogischen Integrations- und Inklusionsforschung sowie die daraus resultierenden Erkenntnisse zu skizzieren, nicht mehr und nicht weniger.

3.1 Pädagogische Förder- und Forschungsparadigmen

In historischer Rekonstruktion der Wissenschaftsgeschichte im behindertenpädagogischen Forschungsfeld offenbart sich, »dass Behinderung ein umkämpftes Feld darstellt, dem sich auch wissenschaftliche Interpretationen in den vergangenen 250 Jahren in unterschiedlicher Absicht und Interpretation zugewandt haben« (Moser 2010a, S. 84). Gerade in der Sonderpädagogik zeigt sich eine enge und folgenreiche Verwobenheit von »Institutionalisierung, Professionalisierung und Akademisierung« (Willmann 2017b, S. 164). Es wäre daher unangemessen, wenn die Paradigmenentwicklung in diesem Feld auf eine Analyse der theoretischen »Denkgebäude« (Moser 2010a, S. 84) reduziert würde – die »ideengeschichtliche Binnensicht auf die Disziplingeschichte der Behindertenpädagogik« alleine reicht bei weitem nicht aus, um zu verstehen, wie die Frage des pädagogischen Umgangs mit Behinderungen über die Zeit bis in die Gegenwart wissenschaftlich betrachtet wurde und wird. Notwendig erscheint vielmehr eine »problemgeschichtliche Zusammenführung ideen- und sozialgeschichtlicher Perspektiven auf das Phänomen ›Behinderung‹ und dessen pädagogischer Bearbeitung« (Moser 2009, S. 3).

In der historischen Analyse lassen sich mit Moser (2009; 2010a) vier Paradigmen der pädagogischen Bearbeitung von »Behinderung«

3.1 Pädagogische Förder- und Forschungsparadigmen

rekonstruieren: Perfektibilität, Verbesonderung, Förderung und Inklusion/Teilhabe. Die letzten beiden Leitideen fallen in die 1960er/ 1970er Jahre und zeigen die Ausgangssituation für die Integrationspädagogik. Förderung wird zunächst resultierend aus der Verbesonderung an einem besonderen Ort, der Sonderschule, gedacht, und die Sonderpädagogik sichert sich gegenüber der Allgemeinen Pädagogik die Deutungshoheit über die Förderbedürftigkeit (Moser 2010a, S. 82; siehe auch Weisser 2017).

Ausgehend von der scharfen Kritik der Behindertenbewegung gibt es auch seit den 1970er Jahren eine Kritik an der Sonderpädagogik, die in den ersten integrativen Modellversuchen und einer daraus abgeleiteten Theorieentwicklung quasi von innen heraus die Sonderpädagogik neu ausrichtet. Allerdings zeigen sich bildungspolitische Folgen erst viel später mit den KMK-Empfehlungen in den 1990er Jahren (Moser 2010a, S. 82).

Im weiten Feld der Integrationsforschung haben sich vier Themenschwerpunkte herausgebildet. Es kann unterschieden werden zwischen einer Diskurs-, Institutionen-, Betroffenen- und Paradigmengeschichte (Moser 2010a; Bösl, Klein & Waldschmidt 2014; Weisser 2017).

Die Anfänge der im engeren Sinne »empirischen« integrationspädagogischen Forschung in Deutschland liegen in der wissenschaftlichen Begleitung der ersten Modellversuche zur Integration in Kindergärten und Grundschulen seit Mitte der 1970er Jahre. Die meisten dieser Begleituntersuchungen wurden von sonderpädagogischen Lehrstühlen durchgeführt, und die Integrationsforschung der ersten beiden Jahrzehnte war nahezu ausschließlich im Hoheitsbereich der Sonderpädagogik angesiedelt.

Im Laufe der 1990er bis 2000er Jahre dann »wandert der Integrationsbegriff aus zur Beschreibung von Migrationsproblematiken« (Moser 2017a, S. 19). Unter der neuen Losung der »Inklusion« etabliert sich zunehmend der Heterogenitätsbegriff als eine neue Leitformel für eine geschlechter-, migrations- und behinderungsbezogene Forschung (ebd.) – und ebnet so den Weg für eine behutsame Annäherung der bis dato nahezu berührungslos zueinander verlaufenden Fachdiskurse der Sonderpädagogik und der Allgemeinen Pädagogik.

3 Forschungsstand

Die Forschungsthemen haben sich mit der Zeit erheblich gewandelt von grundlegenden Fragen in den frühen Anfängen der wissenschaftlichen Begleitforschung bis hin zu spezifischen Detailfragen in der Gegenwart und auch die Zugänge und Methoden der Forschung haben sich zum Teil erheblich ausdifferenziert.

Allerdings ergibt sich aus mehr als 40 Jahren kein einheitliches Bild zum Stand der Integrationsforschung. Bemerkenswert ist der Umstand, dass es bis dato an umfassenden Überblicksarbeiten mangelt (Preuss-Lausitz 2018, S. 237). Die wenigen vorliegenden Analysen sind häufig unsystematisch, in der Materialauswahl höchst selektiv, dabei äußerst knapp bemessen und mitunter eher einseitig ausgerichtet (z. B. Preuss-Lausitz 1988; 2009; Schumann 2009; Feuser 2011; Moser 2017b) und weisen zum Teil gerade hinsichtlich der Auswahlkriterien beim Sampling erhebliche methodische Mängel auf (exemplarisch Bless 2017).

Und obwohl die Forschung einige grundlegende Erkenntnisse zur schulischen Integration hervorgebracht hat (Stichpunkte sind Kooperation zwischen den Beteiligten, integrative Didaktik, Reformpädagogik, Individualisierung) bleiben vor dem Hintergrund der Überkomplexität des Themenfeldes mehr Fragen offen, als dass es verlässliche und eindeutige Antworten gäbe.

Auch das ist höchst bemerkenswert, wenn man bedenkt, welche enorme Expansionsbewegung die Sonderpädagogik als Fachwissenschaft seit den 1970er Jahren vollführt hat. Obwohl das Fach längst an allen lehrerbildenden Hochschul- und Universitätsstandorten etabliert ist und sich in Forschung und Publikationsvorkommen als äußert umtriebig erweist – in nicht weniger als drei voluminösen Handbuchreihen (das »Handbuch der Sonderpädagogik« in zwölf Bänden, herausgegeben von Heinz Bach in den Jahren 1977 bis 1993 im Berliner Marhold Verlag; das »Handbuch Sonderpädagogik« in vier Bänden, herausgegeben von Johann Borchert und Herbert Goetze in den Jahren 2007 und 2008 im Göttingener Hogrefe Verlag sowie das »Enzyklopädische Handbuch der Behindertenpädagogik« in zehn Bänden, herausgegeben von Wolfgang Jantzen in den Jahren 2009 bis 2014 im Stuttgarter Kohlhammer Verlag) bringt es die Sonderpädagogik in Deutschland auf weit mehr als 15.000 Druckseiten! Ein einziger (sic!) dieser insgesamt 22 Bände trägt einen Titel, der eine thematische Behandlung des Integrationsthemas nahelegen könnte (»Sonderpädagogik in allgemeinen Schulen«, von Klauer & Reinartz 1978), allerdings wird auf den 444 Seiten dieses Teilbandes hauptsächlich sonderpädagogisches und nur sehr spärlich integrativpädagogisches Gedankengut entwickelt. Der Integrationsbegriff selbst ist im Register nicht einmal verzeichnet.

Diesem Monument der fachkategorialen deutschsprachigen Sonderpädagogik steht ein einziges »Handbuch der Integrationspädagogik« einsam gegenüber, das es aber in 21 Jahren – immerhin – auf sieben Auflagen gebracht hat (Eberwein 1988; Eberwein & Knauer 2009).

Auch nach bald 50 Jahren intensiver Fachdiskussionen verhält sich die Sonderpädagogik in Theorie und Forschung in weiten Teilen immer noch äußerst zurückhaltend und ambivalent zu der integrationspädagogischen Forderung nach der Umsetzung des gemeinsamen Unterrichts in einer Schule für Alle. Als exemplarisch für die geringe Innovationskraft, die aus dem Fach selbst hervorgeht, mögen die fachkategorialen Beiträge stehen, die in einer aktuellen Schriftenreihe aus dem Kohlhammer Verlag erschienen sind. Unter dem Reihentitel »Inklusion in Schule und Gesellschaft« ist – neben anderen Themen – auch einem jeden der sechs »großen« sonderpädagogischen Förderschwerpunkte ein eigener Band gewidmet. Die dort kumulierten Schriften folgen einer eher traditionellen sonderpädagogischen Sichtweise; die Überlegungen bleiben geradezu »farblos« und sind ohne jegliche Verve für die Zielsetzung inklusiver Erziehung und Bildung.

3.2 Versäumnisse und methodische Schwierigkeiten der Forschung

In Ermangelung umfassender und systematischer Überblicksarbeiten zum aktuellen Stand nach mehr als 40 Jahren Integrations- und Inklusionsforschung im deutschsprachigen Raum kann nur schwerlich eine profunde Forschungssynthese präsentiert werden. Wie bereits einleitend erläutert (▶ Einleitung) versprechen wir uns an dieser Stelle auch keinen Gewinn davon, die Perspektive durch eine Bezugnahme auf den internationalen Forschungsdiskurs noch zu erweitern, womit der Rahmen dieses kleinen Büchleins gesprengt würde, zumal es zugleich auch wenig ertragreich scheint, da hier die Vielfalt an weiteren Begriffstraditionen und speziellen nationalen Rahmenbedingungen eher noch zusätzliche Unklarheiten erzeugen dürfte.

Die Schwierigkeiten einer Forschungssynthese sind dabei vielfältig. Sie liegen zum einen im Gegenstandsbereich selbst begründet – wir hatten diese Aspekte bereits mit Blick auf die definitorischen Schwierigkeiten in der Begriffsfindung ausgeführt (▶ Kap. 1), und diese Schwierigkeiten führen für die wissenschaftliche Analyse zu folgenschweren Problemen hinsichtlich der Operationalisierung der zentralen Leitkategorien im Forschungsfeld. Das gilt ausnahmslos für alle in diesem Zusammenhang relevanten Begriffspaare (»Integration« und »Inklusion«, »Erziehung« und »Bildung« sowie »Behinderung« und »sonderpädagogischer Förderbedarf«). In der Konsequenz herrscht in der Fachöffentlichkeit kein Konsens vor, welche konkreten Modelle und Praktiken der Erziehung und Bildung als »integrativ« und/oder »inklusiv« zu betrachten sind.

Zum anderen stellt die Überkomplexität pädagogisch-didaktischer Situationen im Unterricht die Forschung vor erhebliche methodische wie auch technische Schwierigkeiten, die von den einzelnen Traditionen und Ansätzen der pädagogischen Forschung unterschiedlich bearbeitet werden.

Allerdings muss zugleich auch festgestellt werden, dass es kaum aktuelle Studien gibt, die tatsächlich auf das Unterrichtsgeschehen gerichtet sind. Für die zeitgenössische Forschung wäre es insofern durchaus hilfreich, die Anfänge der integrationspädagogischen Forschung in Deutschland zur Kenntnis zu nehmen. Wir werden versuchen, in diesem Kapitel einige der zentralen Forschungsergebnisse zusammenzutragen. Das Desiderat an im engeren Sinne »inklusiver Unterrichtsforschung« ist doppelter Gestalt: Es mangelt an

3.2 Versäumnisse und methodische Schwierigkeiten der Forschung

Schul- und Unterrichtsforschung mit direktem Bezug auf die Integrationspraxis sowohl im Bereich der Sonderpädagogik als auch im gesamten Feld der pädagogischen Forschung. Die ausufernde »Inklusionsdebatte« (▶ Kap. 1) entfesselt sich also zu einem Großteil ohne einen empirischen Kern.

Hatte die sonderpädagogische Forschung in den Anfängen der Integrationspädagogik noch einen direkten Zugang zur Praxis des gemeinsamen Unterrichts gesucht, werden gegenwärtig vorrangig die schulischen Rahmenbedingungen studiert oder die Einstellungen der Beteiligten überprüft und natürlich wird eine großangelegte Evaluationsforschung im Kontext förderpädagogischer Programmentwicklung betrieben (Schwab 2014; Hartke 2017; Hellmich et al. 2018). All das bietet keine hinreichenden Einblicke in die reale Praxis schulischer Integrationsprozesse.

Aber auch von Seiten der Allgemeinen Erziehungswissenschaft und der Schulpädagogik bis hin zur Didaktik sowie der empirischen Bildungsforschung wird das Thema Unterrichtsforschung nur marginal besetzt. Seit dem ersten Handbuch zur Unterrichtsforschung (Ingenkamp & Parey 1970) – die Veröffentlichung fällt in die Anfänge der empirischen Schulforschung in Deutschland und das Werk selbst stellt eine Bearbeitung der Originalausgabe von Gage (1963) dar; es repräsentiert daher vor allem den nordamerikanischen Forschungsstand – sind die Fragestellungen im Kontext der Unterrichtsforschung wie es scheint zusehends ausdifferenziert, bisweilen diffundiert – und liegen weit ab von einer unmittelbar auf den Unterricht als soziale Handlungspraxis bezogenen »praxeologische Unterrichtsforschung« (Breidenstein 2008). Zugleich wird in der Gegenwart unter dem Schlagwort der »empirischen Unterrichtsforschung« in erster Linie eine an Bildungsstandards und Outputmessung orientierte »pädagogisch-psychologischer Lehr-Lern-Forschung« verstanden (ebd.).

Gruschka (2011, S. 29) geht in seiner Kritik noch einen Schritt weiter, wenn er resümiert, »dass es nach 200 Jahren verwissenschaftlichter Didaktik und vielen Jahrzehnten umtriebiger Unterrichtsforschung bislang keine explizit pädagogische Unterrichtsforschung als Erschließung seiner Strukturbildungsgesetzmäßigkeit gibt«.

Aktuelle Handbücher markieren das Themenfeld denn auch gar nicht mehr als »Unterrichtsforschung«. Die Schulpädagogik als moderne Handbuchwissenschaft versteht sich vorrangig als »Bildungsforschung« (Tippelt & Schmidt-Hertha 2018) und »Schulforschung« (Helsper & Böhme 2004; Blömeke et al. 2009) oder auch »Lehrerforschung« (Terhart et al. 2014). Forschungsfragen zum Themenfeld der schulischen Inklusion und zum gemeinsamen Unterricht werden in diesen Handbüchern eher marginal behandelt. Das gleiche Phänomen ist auch im Feld der didaktischen Forschung zu beobachten – wir hatten bereits darauf hingewiesen (▶ Kap. 1.1.1 – Der Inklusionsdiskurs in der Allgemeinen Pädagogik).

3.3 Etappen der schulischen Integrations- und Inklusionsforschung

Unser Versuch, an dieser Stelle eine gewisse Ordnung in das eher unübersichtliche Terrain zu bringen, zielt auf einen kurzen Abriss zur historischen Entwicklung im weiten Feld der pädagogischen Integrationsforschung von den Anfängen bis in die Gegenwart. Ähnlich wie unlängst Müller und Prengel (2013) schlagen wir vor, diese Entwicklung in drei Phasen zu differenzieren (▶ Tab. 2).

Tab. 2: Drei Etappen der Integrations-/Inklusionsforschung in Deutschland

Erste Etappe	Wissenschaftliche Begleitforschung von Modellversuchen (1975-1989)
Zweite Etappe	Ausdifferenzierung der Integrationsforschung (1990-2009)
Dritte Etappe	Von der »Integrations-« zur »Inklusionsforschung« (ab 2009)

3.3 Etappen der schulischen Integrations- und Inklusionsforschung

3.3.1 Erste Etappe: Wissenschaftliche Begleitforschung zu integrativen Modellversuchen (1975-1989)

Die Anfänge der Integrationsforschung in Deutschland finden sich zunächst in der Form einer reinen »Auftragsforschung«: im »Jahrzehnt der Schulversuche« (Schnell 2006) übernahmen verschiedene Forschungsteams die wissenschaftlichen Begleitungen der ersten Integrationsversuche, die in öffentlichen Einrichtungen der vorschulischen Erziehung und an Schulen eingerichtet wurden.

Der Implementation erster integrativer Schulversuche voraus gingen die Empfehlungen der Bildungskommission »Zur pädagogischen Förderung behinderter und von Behinderung bedrohter Kinder und Jugendlicher« vom 12./13. Oktober 1973 (Deutscher Bildungsrat 1974). Hierbei handelt es sich um das erste offizielle Dokument, mit dem in Deutschland für die integrative Beschulung geworben wurde. Die Empfehlungen stehen diametral entgegengesetzt zu der kurz zuvor veröffentlichten »Empfehlung zur Ordnung des Sonderschulwesens«, in der die KMK (1972) den weiteren Ausbau des Sonderschulwesens angekündigt hatte.

Trotz dieser politischen Frontenstellung nahm die Bund-Länder-Kommission für Bildungsplanung und Forschungsförderung die Empfehlung der Bildungskommission zum Anlass, um das Rahmenprogramm »Behinderte Kinder und Jugendliche« aufzulegen, innerhalb dessen die Durchführung von integrativen Modellversuchen beantragt werden konnte (vgl. BLK 1987). Das Förderprogramm zielte auf drei Themenbereiche: pädagogische Frühförderung, Bildungstransitionen und pädagogische Förderung, darunter unter anderem »Erkennung und Minderung von Verhaltensauffälligkeiten und Verhaltensstörungen bei Kindern und Jugendlichen« (Borchert & Schuck 1992, S. 200).

Parallel legte die Deutsche Forschungsgemeinschaft in den Jahren von 1978 bis 1982 ein Schwerpunktprogramm zum Thema »Pädagogische Förderung Behinderter« auf, das darauf zielte, den Forschungsdefiziten und dem Mangel an empirischen Studien zu entgegnen (vgl. dazu Bach 1983). Der Abschlussbericht zum Förderschwerpunkt ist bei

3 Forschungsstand

der DFG unter der Signatur B 227/171484 archiviert – eine systematisch-zusammenfassende und umfassende Auswertung zu den einzelnen in diesem Schwerpunktprogramm durchgeführte Studien gibt es unseres Wissens nach nicht (für einen orientierenden Überblick vgl. aber BLK 1987).

Zu einer Großzahl der Studien im Rahmen der BLK-Modellversuche liegt indes eine Überblicksarbeit vor (Borchert & Schuck 1992). Von historischem Interesse ist auch der vom Deutschen Bildungsrat herausgegebene sechste Materialband zur Bildungsplanung mit dem Titel »Schulversuche zur Integration behinderter Kinder in den allgemeinen Unterricht« (Muth, Kniel & Topsch 1976); es handelt sich um eine Sammlung von Praxisberichten zur gemeinsamen Erziehung und Bildung, die von der Bildungskommission in der Vorbereitung ihrer Empfehlung zusammengestellt worden waren. Diese Berichte vermitteln einen spannenden Einblick in einige der ersten Integrationsmaßnahmen in Deutschland, deren Projektwurzeln zum Teil bis Ende der 1960er Jahre zurückreichen.

Insgesamt ist die bildungspolitische Großwetterlage in Westdeutschland zu dieser Zeit eher stürmisch, und gerade in der Integrationsfrage stehen die Positionen zwischen den Bundes- und den Länderkommissionen einander kontrovers gegenüber, wie ein Blick auf die divergierenden Zielsetzungen in den jeweiligen Empfehlungen etwa der BLK und der KMK offenbart (vgl. dazu die auch die politischen Hintergründe beleuchtende Analyse von Irmtraud Schnell 2003).

Dennoch waren die Rahmenbedingungen für die Forschung in dieser frühen Phase äußerst liberal. Die Forschungsgruppen genossen »in Fragestellung und Methode große Freiheit« und wurden »kaum von verbindlichen Vorgaben der Ministerien« eingeschränkt (Preuss-Lausitz 1988, S. 243). Das erscheint im Sinne von Grundlagenforschung auch nur konsequent und führte in der wissenschaftlichen Begleitforschung zu einer ausgeprägten Orientierung am Forschungsprogramm der Aktions- und Handlungsforschung, denn die zu untersuchenden Praxisbedingungen der integrativen Erziehung mussten ja erst einmal in actu hergestellt werden.

3.3 Etappen der schulischen Integrations- und Inklusionsforschung

»Charakteristisch für die Studien aus der Zeit der Modellversuche sind, trotz großer lokaler Unterschiede, ein hohes Engagement aller Beteiligten, eine Balance aus Nähe und Distanz zwischen Akteuren im Feld und Wissenschaftlern und eine Verflochtenheit zwischen Entwicklungs- und Forschungsarbeit« (Müller & Prengel 2013, S. 11).

Eine zusammenfassende Ergebnisdokumentation zu den ersten zehn Jahren der Integrationsforschung in Deutschland wurde im Rahmen des von der Deutschen Forschungsgemeinschaft geförderten Projektes »Integration im Primarbereich« unter Leitung von Helga Deppe-Wolfinger und Helmut Reiser vorgelegt (Deppe-Wolfinger, Prengel & Reiser 1990). In die Auswertung, die sich auf die Integrationsprojekte in den Ländern der Bundesrepublik im Zeitraum 1976 bis 1986 bezieht, sind auch die ersten sieben Modellversuche zur schulischen Integration einbezogen.

Bei allen regional- und projektspezifischen Unterschieden zeigen die Ergebnisse der Integrationsforschung der ersten Dekade eine durchgängige Übereinstimmung in Bezug auf die didaktischen Grundlagen für den gemeinsamen Unterricht:

»Über die wichtigsten Prinzipien integrativen Unterrichts besteht in allen Integrationsprojekten Einigkeit. Die Stichworte sind: Individualisierung und Differenzierung; Projektunterricht; Lebenswelt- und Handlungsorientierung; offener Unterricht; freie Arbeit« (Höhn 1990, S. 143).

In einer weiteren Vergleichsarbeit geben Borchert und Schuck (1992) einen Überblick zu den wissenschaftlichen Begleituntersuchungen, die im Rahmen von Modellversuchen zur Integration im vorschulischen und schulischen Bereich durchgeführt worden sind. Der Vergleich bezieht sich auf insgesamt 45 Modellversuche, die im Zeitraum von 1972 bis 1990 von der BLK gefördert wurden. Die Auswertung erfolgt entlang einer inhaltlichen Systematik nach vier Themenschwerpunkten: Modellversuche im Vorschulbereich wurden unter den Perspektiven von »Prävention« und »Integration« zusammengefasst; Modellversuche im Primarbereich wurden unter den Aspekten der »zielgleichen/zieldifferenten Integration« betrachtet. Zudem wurden zielgruppenspezifische Fördermaßnahmen nach den

Perspektiven »Integration« und »besondere Förder- und Betreuungsmaßnahmen« zusammengefasst.

Die komparative Analyse führt zu dem Ergebnis, dass in nahezu allen Modellversuchen das Gelingen integrativer Erziehungs- und Bildungsangebote dokumentiert werden konnte. Allerdings sind die Einzelergebnisse aus den jeweiligen Modellversuchen nur schwer miteinander zu vergleichen, da diese zum Teil unter höchst unterschiedlichen Voraussetzungen in den Bundesländern umgesetzt wurden. Die erheblichen Disparitäten spiegeln sich auch in den Forschungsdesigns und Methoden der Begleituntersuchungen wider, die gerade darauf zielten, den jeweiligen Besonderheiten der einzelnen regionalen Bildungslandschaften Rechnung zu tragen.

Mit Blick auf die eingeschränkte Forschungsmethodik in der Begleitforschung kommt das Autorenteam zu einer eher kritischen Gesamtbilanz:

> »So müssen sich die Modellversuche zwangsläufig in ihrem Erkenntniswert auf mehr oder weniger kontrollierte Erfahrungsberichte reduzieren, die nur beschreiben können, unter welchen Bedingungen sich bestimmte politisch und gesellschaftlich gewollte Konzeptionen pädagogischer Förderung bewähren können oder nicht« (Borchert & Schuck 1992, S. 32).

In diesem Sinne lasse sich aus der Begleitforschung der Modellversuche kein unmittelbares Planungs- und Steuerungswissen ableiten für den »Aufbau eines umfassenden schulischen und außerschulischen Fördersystems für Behinderte« (Borchert & Schuck 1992, S. 189).

Die anklingende Kritik berührt den wissenschaftstheoretischen Disput im Zuge des Positivismusstreits in der deutschen Soziologie und die Forderung nach der empirischen Wende in der Pädagogik (Roth 1962; Brezinka 1971), die mit einiger Verzögerung auch die sonderpädagogische Forschungsgemeinde erreicht hat. Programmatisch hierfür stehen die Schriften von Ulrich Bleidick (1972), der im Zuge der Etablierung der Sonderpädagogik an den Universitäten das Ziel einer Verwissenschaftlichung durch empirische Methoden verfolgt hat sowie der Entwurf einer empirisch-rationalen (Sonder-)Pädagogik von Karl Josef Klauer (1973).

3.3 Etappen der schulischen Integrations- und Inklusionsforschung

Ein Blick in die *Heilpädagogischen Forschung* – die bereits 1964 gegründete erste empirische Fachzeitschrift der Sonderpädagogik – verrät, wie weit gediehen die empirische Wissenschaft bereits in den 1970er Jahren auch im Forschungsfeld der Sonderpädagogik war: Langfeldt und Wember (1994, S. 187) bilanzieren die ersten 30 Jahrgänge der Zeitschrift und werten es als einen großen Erfolg,

»daß es in den vergangenen dreißig Jahren gelungen ist, das Konzept einer empirisch-realwissenschaftlichen Forschung zu etablieren. Etwa zwei Drittel aller Beiträge sind empirisch begründet. [...] Die mit Abstand am häufigsten untersuchte Personengruppe ist die der behinderten Schulkinder.«

Empirisch-experimentelle Studien lagen in der Sonderpädagogik bereits seit Mitte der 1960 Jahre vor – etwa zum programmierten Unterricht in Sonderschulen (Klauer 1964) und zur Steigerung der Lernleistungen bei Lernbehinderungen (Kanter 1967) – und auf diesen Forschungsergebnissen wurde eine empirisch-begründete Lernbehindertenpädagogik etabliert (Klauer 1966; Kanter 1979).

Für die Sonderpädagogik, die – wie die Pädagogik überhaupt – durch eine geisteswissenschaftliche Tradition geprägt war (Biewer & Moser 2016), ist die Wende zur Empirie ein Paradigmenwechsel, und in genau diese Zeit fällt der Anfang der Integrationsbewegung in Deutschland. Dabei konstituiert sich die integrationspädagogische Forschung als eine praxisnahe Begleitforschung (exemplarisch: Mutzeck & Pallasch 1984; Eberwein 1988), die primärer an Ansätzen der Handlungsforschung orientiert ist und die somit eine direkte Gegenstellung zur gerade aufkommenden quantitativ-empirischen Sonderpädagogik einnimmt.

3.3.2 Zweite Etappe: Ausdifferenzierung der Integrationsforschung (1990–2009)

Die internationale Integrationsbewegung erhält durch die Weltkonferenz der UNESCO weiteren Auftrieb, und auch in Deutschland belebt die Erklärung von Salamanca die Debatte (Biewer 2000). Zu dieser Zeit erscheinen drei für das Selbstverständnis der Integrationspädagogik wichtige Schriften, die sich in erster Linie theoretisch den Themen Heterogenität und Vielfalt näherten (Hinz 1993; Prengel 1993; Preuss-Lausitz 1993).

Zeitgleich werden die Empfehlungen zur sonderpädagogischen Förderung verabschiedet (Drave, Rumpler & Wachtel 2000), mit denen sich die Bildungspolitik bundesweit nicht nur von der Sprachregelung der »Sonderschulbedürftigkeit« verabschiedet, sondern zugleich auch die Förderung im gemeinsamen Unterricht als einen möglichen Ort sonderpädagogischer Unterstützungsmaßnahmen anerkennt.

Dennoch erweisen sich die 1990er Jahren als eine Phase der Stagnation: Der flächendeckende Ausbau integrativer Erziehung und Bildung gerät ins Stocken, und die Euphorie der frühen Integrationsbewegung verflüchtigt sich zum Teil in der harten Schulwirklichkeit. Es zeigt sich, dass die veränderten rechtlichen Regelungen der Bundesländer in der Schulgesetzgebung nicht automatisch zu einer quantitativen Ausweitung integrativer Beschulung führen. Im Gegenteil lässt sich aus den Schulstatistiken der scheinbar paradoxe Effekt ablesen, dass für den Zeitraum 1990 bis 1999 mit dem Anstieg der sonderpädagogischen Förderquote zugleich auch die Sonderschulbesuchsquote angestiegen ist (Reiser 2002).

Ab Mitte der 1990er nimmt Deutschland erstmals an den internationalen Schulleistungsuntersuchungen teil, allerdings werden Schüler*innen mit sonderpädagogischem Förderbedarf nicht systematisch einbezogen. Soweit sich auf der spärlichen Datenlage überhaupt eine Verallgemeinerung ableiten lässt, zeigen sich etwa in PISA 2000 für Sonderschüler dramatisch schlechte Lesekompetenzen (Deutsches PISA-Konsortium 2001, S. 456). Ergebnisse zu Schüler*innen in integrativen Klassen werden in den Studien indes nicht eigens berücksichtigt.

Vor dem Hintergrund der Deutschen Wiedervereinigung stellt sich – nicht nur mit Blick auf die schulische Integrationsfrage – die Notwendigkeit einer Aufarbeitung der unterschiedlichen Entwicklungslinien in den alten und neuen Bundesländern. Eine Annäherung innerhalb der Fachwissenschaft kommt nur sehr zögerlich in Gang (Bleidick & Ellger-Rüttgardt 1994; Opp 1996; Angerhoefer 1997).

3.3 Etappen der schulischen Integrations- und Inklusionsforschung

Mit Blick auf die empirische Forschung zeigt sich in der zweiten Phase eine Ausdifferenzierung in den Themen und Methoden. An die Stelle der wissenschaftlichen Begleitforschung zu den Modellversuchen treten zunehmend kleinere Studien und Forschungsprojekte. Insbesondere finden sich Studien, in denen auch die Grenzen der Integrationsfähigkeit von Schulen kritisch herausgearbeitet werden (z.B. Haeberlin et al. 1990; Reiser et al. 1995).

Als ein neues Forschungsthema kristallisiert sich die sonderpädagogische Förderung durch mobile Dienste und ambulante Förderzentren heraus (z.B. Reiser & Loeken 1993; Sander 1995; Wocken 1999).

Es häufen sich vor allem empirische Studien, die ein zunehmend kritisches Bild von Wirkung und Nutzen der Sonderschulen zeichnen und so ein wenig Licht in das große Dunkelfeld der Sonderschulforschung in Deutschland bringen. In der Forschung wird unter anderem den Lernhilfeschulen eine fehlende Wirksamkeit attestiert (z.B. Tent et al. 1991; Hildeschmidt & Sander 1996) sowie eine generelle Überrepräsentanz von Schüler*innen mit Migrationshintergrund an Sonderschulen festgestellt (z.B. Kornmann & Klingele 1996). In mehreren Studien zur Begutachtungspraxis an Sonderschulen konnte Hans-Peter Langfeld (z.B. 1998) aufzeigen, dass die sonderpädagogische Diagnostik weithin als Status- und Selektionsdiagnostik fungiert, und Rita Marx (1992) weitete mit einer Feldstudie, in der narrative Interviews mit Sonderschüler*innen und deren Eltern durchgeführt wurden, den Blick auf die Innenperspektive schulischer Exklusionsprozesse. Auch der Aspekt der »Geschlechterdifferenz in der Sonderpädagogik« wird als Thema empirisch bearbeitet (Schildmann 1996; Warzecha 1997).

3.3.3 Dritte Etappe: Von der »Integrations-« zur »Inklusionsforschung« (ab 2009)

Die Behindertenrechtskonvention der Vereinten Nationen ist mit der Ratifizierung im Jahr 2009 in deutsches Recht überführt worden. Die

3 Forschungsstand

menschenrechtliche Forderung nach Nichtdiskriminierung, Chancengleichheit sowie gesellschaftlicher Teilhabe bei Behinderung führt für den pädagogischen Bereich zu der Verpflichtung, ein nationales inklusives Bildungssystem aufzubauen, das einen ungehinderten Zugang und eine diskriminierungsfreie Partizipation an der öffentlichen Erziehung und Bildung gewährleistet.

Aus wissenschaftlicher Sicht verbindet sich mit diesem Datum die spannende Frage, inwieweit die rechtliche Verbindlichkeit zur inklusiven Bildungsreform tatsächlich auch die Schulwirklichkeiten verändert hat. Zum gerade begangenen zehnten Jahrestag des Inkrafttretens der Behindertenrechtskonvention in Deutschland findet sich eine ganze Reihe von bilanzierenden Fachbeiträgen sowie kleinerer Studien.

Einer von der Aktion Mensch gemeinsam mit der Wochenzeitung *DIE ZEIT* in Auftrag gegebenen repräsentativen Umfrage zufolge herrscht in der Bevölkerung eine hohes Maß an Zustimmung zur Inklusion in der Gesellschaft – wobei mit Blick auf die schulische Inklusion die Zustimmungswerte deutlich geringer sind als etwa für den Freizeitbereich (Hess et al. 2019).

Auf der Ebene der Schulstatistiken spiegeln sich bundesweit keine einheitlichen Effekte der inklusiven Bildungsreform. Einerseits belegen die offiziellen Zahlen für die letzten zehn Jahre zwar eine moderate Tendenz im Rückgang der Sonderschulbesuchsquote. Andererseits gibt es in einzelnen Bundesländern (Baden-Württemberg, Bayern und Rheinland-Pfalz) sogar den entgegengesetzten Trend bei leicht ansteigender Exklusionsquote (Klemm 2015; 2018). Zudem zeigt sich für den Zeitraum seit dem Inkrafttreten der Behindertenrechtskonvention das irritierende Phänomen eines Anstiegs sonderpädagogischer Zuschreibungsprozesse an den allgemeinen Schulen, der weit über den Fallzahlen der Schüler*innen liegt, die statistisch betrachtet von den Sonderschulen in die inklusive Beschulung gewechselt sind. Nach einer Modellrechnung von Knauf und Knauf (2019, S. 11) liegt diese Fallzahl für den im Zeitraum 2009 bis 2017 bei 90.650 Schüler*innen. Das Phänomen ist durchaus bekannt: Auch aus anderen Ländern wie beispielsweise den USA ist im Zuge der Ausweitung schulischer

3.3 Etappen der schulischen Integrations- und Inklusionsforschung

Integrationsmaßnahmen gleichzeitig ein deutlicher Anstieg der sonderpädagogischen Förderquoten zu verzeichnen (z. B. Powell 2011). Gleiches deutet sich hierzulande nun verstärkt an (vgl. auch Dietze 2013) – auch die inklusiven Schulen in Deutschland produzieren eine Art neue Klasse an »Förderfällen«: Es sind die Fälle eines »speziellen« Förderbedarfs unter den Bedingungen der Inklusion.

Gleichzeitig verstärkt der »nachweisliche Ausbau von Sonderstrukturen [...] etwa in den Bereichen Schulbildung, Werkstätten und Wohneinrichtungen« den Eindruck einer paradoxen Entwicklung, wie Valentin Aichele (2019, S. 10), der Leiter der Monitoring-Stelle am Institut für Menschenrechte, formuliert.

Ein wesentliches Moment für große Disparitäten dürfte in den länderspezifischen Eigenheiten des deutschen Bildungs- und Schulwesens zu sehen sein. In einer Studie der Friedrich-Ebert-Stiftung von 2015 bis 2017 wurde der Stand der Umsetzung der inklusiven Bildung in den sechzehn deutschen Bundesländern betrachtet (zusammenfassend: Lange 2017). Die Untersuchungsreihe dokumentiert die unterschiedlichen bildungspolitischen Ausrichtungen und die legistischen Umsetzungsstrategien in den einzelnen Ländern. Die erheblichen Unterschiede zwischen den Ländern werden ebenfalls bestätigt durch eine Abfrage zu den aktuell laufenden Begleitforschungen im Bereich der inklusiven Schulentwicklung (Preuss-Lausitz 2015). Die Auswertung bestätigt ein uneinheitliches Bild zu den Methoden und Themen der Inklusionsforschung. Als Themenschwerpunkt laufender Begleitforschung treten hervor: Lern- und Sozialentwicklung, Akzeptanz, Erfahrungen und Rahmenbedingungen, Kooperation, Qualifizierung und funktionale Zuständigkeiten (»Rollen«) sowie inklusive Schulentwicklung. Nur nachgeordnet oder gar nicht werden durch diese Forschungen gegenwärtig behinderungsspezifische Fragestellungen behandelt und Themen wie Gender- und Migrationsaspekte, die institutionellen Transitionsbereiche (Übergänge Kindergarten/Grundschule, Grundschule/Sekundarschule sowie Übergang in Ausbildung und Beruf), fächerbezogene und fachdidaktische Aspekte, diagnostische Fragestellungen sowie die Zusammenarbeit inklusiver Schulen und externer Hilfen.

3 Forschungsstand

Nicht nur in der indikatorengestützten empirischen Bildungsforschung markiert die Inklusionsfrage derzeit ein prominentes Thema. In der allgemeinen Erziehungswissenschaft und insbesondere in der Schulpädagogik sowie den Fachdidaktiken sind in Theorie und Forschung vorsichtige Annäherungen an inklusionspädagogische Fragestellungen zu beobachten. Wir hatten bereits darauf verwiesen (▶ Kap. 1.1.1).

Auch die im engeren Sinne fachwissenschaftliche – sprich: sonderpädagogische – Integrationsforschung hat relativ geräuschlos einen terminologischen Wechsel vollzogen und versteht sich nun in weiten Teilen als »Inklusionsforschung« (Moser 2017b).

In den letzten Jahren hat sich hier – genährt durch die gegenwärtige Politik der Evidenzbasierung – ein neuer Empirismus etabliert, der einem positivistisch-szientistischem Weltbild folgend sehr einseitig Fragen der Wirksamkeit von Fördermaßnahmen in den Mittelpunkt stellt. Die Entwicklung ist in direktem Zusammenhang mit dem bildungs- und wissenschaftspolitischen Bestreben der letzten zwanzig Jahre zu sehen, das darauf zielt, die empirische Bildungswissenschaft in Deutschland auf- und auszubauen. In der Forschungsförderung werden große Mittel bereitgestellt für wissenschaftliche Studien, in denen technologisches Steuerungswissen generiert wird. Das begünstigt unter anderem die Wiederauferstehung einer behavioralen Förderpädagogik (etwa: Hasselhorn et al. 2014; Hartke 2017) und zieht zugleich eine erhebliche Ausweitung der Interventions- und Evaluationsforschung nach sich (kritisch dazu: Willmann 2020a).

Es grenzt hier allerdings teilweise schon an Ignoranz, wenn die Ergebnisse der frühen pädagogischen Integrationsforschung angezweifelt werden, weil sie »nicht den internationalen wissenschaftlichen Standards der Evaluationsforschung« entsprächen, wie beispielsweise Hillenbrand (2014, S. 288) kritisiert. In entlarvender Selbstherrlichkeit wischt etwa Christian Huber die Integrationsforschung in Deutschland komplett vom Tisch:

»Zurzeit ist jeder Hustensaft besser untersucht als die Inklusion. Wir haben einen weiten Weg aufzuholen. In anderen Ländern wird seit 30 bis 40 Jahren

3.3 Etappen der schulischen Integrations- und Inklusionsforschung

geforscht, bei uns erst seit etwa acht Jahren. Und wir fangen jetzt erst an, eine systematische Inklusionsforschung aufzubauen« (WDR-Interview mit Christian Huber vom 30. Mai 2017, online verfügbar unter: https://www1.wdr.de/wissen/mensch/inklusion-forschung-100.html).

Wenn hier gleichzeitig so getan wird, als wenn »aufgrund der Neuheit des Feldes [...] eine gesicherte empirische Forschungslage zu einzelnen inklusiven Modellen oder Interventionen [...] in Deutschland« bislang nicht existiere (Gebhardt & Heimlich 2018, S. 1252), dann liegt das Problem bereits in der Fragerichtung selbst begründet, denn es wird unterstellt, dass sich der inklusive Erziehungs- und Bildungsauftrag über ein bestimmtes Modell umsetzen ließe. Offensichtlich gehen die Autoren davon aus, dass während die Forschung hierzulande »noch nicht soweit« sei (ebd.) sie es in anderen Ländern eben schon wäre. Es wird einmal mehr auf die vielzitierte evidenzbasierte Forschung verwiesen. Es mutet schon höchst befremdlich an, wenn die Autoren in ihrem Forschungsüberblick abschließend zu der vermeintlich »noch offenen« Forschungsfrage gelangen: »[w]elche Modelle des gemeinsamen Unterrichts für welche Zielgruppe eine positive Wirkung haben und wie dies in den einzelnen Unterrichtsfächern umgesetzt werden kann [...]« (Gebhardt & Heimlich 2018, S. 1252). Unterzögen sie sich der Mühe, die Ergebnisse der frühen Integrationsforschung einmal eingehender zu studieren, so hätten sie sich die Frage selbst beantworten können. Die kurzmöglichste Antwort lautet: schülerzentrierter reformpädagogischer Unterricht und die didaktische Herstellung gemeinsamer Lernsituationen!

Mehr noch als dies: Während »die Sonderschulen [...] ohne vergleichbare wissenschaftliche Begleitungen eingeführt [wurden]« (Feuser 2012, S. 291), wird von der integrativen respektive inklusiven Erziehung und Bildung ein Wirkungsnachweis eingefordert. So sieht sich etwa Huber (2009, S. 247) dazu berufen, unter Verweis auf den empirischen Forschungsstand (er bezieht sich ganz nebenbei vor allem auf US-amerikanische Studien) feststellen zu können, dass »die flächendeckende Einführung des Gemeinsamen Unterrichts ohne zusätzliche Evaluation der alltäglichen Schulpraxis im Gemeinsamen

Unterricht keine verantwortbare Alternative zur schulischen Separation zu sein [scheint]«.

Denjenigen, die geneigt sind, die schulische Inklusion auf die empirische Wirksamkeitsfrage zu reduzieren, sollte eigentlich längst aufgefallen sein, dass die Sonderschulforschung (so es sie denn ernsthaft gibt) bis heute den Beweis schuldig geblieben ist, dass die Förderung in separierenden Lernumgebungen nachweisliche Wirkungen erzielen könnte. Bereits die Fragerichtung nach der »Wirksamkeit« führt in die falsche Richtung. Wer sie aber ernsthaft stellt, dem kann mit Wocken (2018, S. 210) entgegnet werden:

> »Es gilt nicht allein normativ, sondern auch empirisch das unbedingte Primat der Inklusion. Die Inklusion muss nicht empirisch beweisen, dass sie besser ist als Separation, sondern umgekehrt: Die Sonderschule und das gegliederte Schulwesen insgesamt sind in der Pflicht und müssen liefern. Sie sind beweispflichtig, dass sie besser sind! Warum soll man behinderte Schüler*innen aussondern, wenn es für sie gar nichts bringt?«

3.4 Entwicklungstrends und aktuelle Schlüsselthemen der Forschung

Die Inklusionsforschung wird zusehends geprägt durch das Forschungsparadigma einer empirischen Bildungswissenschaft. Dabei zeichnen sich aktuell drei zentrale Entwicklungen ab: Es zeigt sich *erstens* eine erhebliche Ausweitung einer indikatorengestützen Bildungsdokumentation und *zweitens* eine deutliche Zunahme an Forschungsdesigns und Entwicklungsmodellen, die dem sogenannten evidenzbasierten Forschungsparadigma folgen. Beide Entwicklungstrends sind politisch ausdrücklich erwünscht und werden gezielt gefördert, versprechen sie doch die wissenschaftliche Generierung von technologisch verwertbarem Steuerungswissen für die Bildungsadministration.

3.4 Entwicklungstrends und aktuelle Schlüsselthemen der Forschung

Es gibt *drittens* eine Tendenz zur Überwindung der ehemaligen fachwissenschaftlichen Demarkationslinien, durch die der sonderpädagogische Integrationsdiskurs fast vollständig abgekoppelt von der Theorie und Forschung in der Allgemeinen Erziehungswissenschaft verlaufen war. Das bietet die lang versäumte Gelegenheit, in einen Austausch zu treten und bisher getrennte Expertisen wie Fachdidaktik auf der einen und Förderpädagogik auf der anderen Seite nun in gemeinsame Themen zu verwandeln. Zugleich liegt hierin aber auch die Gefahr, dass in der aktuellen Heterogenitätsdiskussion die traditionell von der Sonderpädagogik stellvertretend bearbeitete Differenzkategorie Behinderung in der Vielzahl anderer Dimensionen von Vielfalt (z. B. Alter, Geschlecht, Nationalität, Herkunft, Sprache u.v.a.m.; vgl. Trautmann & Wischer 2011, S. 40) »unterzugehen« droht. Während eine diversitätsbewusste Pädagogik (Lindmeier 2019) sensibel ist für die schulischen Selektionsvorgänge in Bezug auf verschiedene Heterogenitätsmerkmale, durch die »soziale Ungleichheit verfestigt und in Bildungsungleichheit transferiert wird« (Sturm 2013, S. 123), muss zugleich in Rechnung gestellt werden, dass die Heterogenitätskategorie »Behinderung« auch Differenzen markiert, die nicht in jedem Fall als Bereicherung der Vielfalt in einer Lerngruppe gefeiert werden können (kritisch dazu etwa: Moser 2010b; Reiser 2013).

Die Themenfelder, die über die Zeit im Forschungsfeld der schulischen Integration und Inklusion untersucht wurden und werden, sind sehr vielzählig und eine bündige Forschungssynthese scheint bislang nicht einmal für einzelne dieser Themenbereiche in Sicht. Greift man die theoretischen Verdichtungen auf, die bereits aus den Ergebnissen der frühen Integrationsforschung abgeleitet worden sind (z. B. in der Theorie der integrativen Prozesse nach Reiser und im sozialökologischen Modell nach Sander) und in denen schulische Inklusion als ein Mehrebenenmodell konzipiert wird, dann lässt sich hieraus der Forschungsauftrag ableiten, diese einzelnen Ebenen und ihre Wechselwirkungen in den Blick zu nehmen (▶ Tab. 5; vgl. auch Heimlich 2003).

3 Forschungsstand

Tab. 5: Zentrale Untersuchungsebenen und Schlüsselthemen der schulischen Integrations- und Inklusionsforschung

Untersuchungsebenen
• Gesamtgesellschaftliche Entwicklungen • Bildungspolitische und rechtliche Rahmenbedingungen • Die Einzelschule als Organisationseinheit • Externe Kooperation und Vernetzung mit dem außerschulischen Bereich • Teamarbeit: interne Zusammenarbeit (»integrative Kooperation«) • Gemeinsamer Unterricht und integrative/inklusive Didaktik • Sonderpädagogische Förderung • Professionalisierung und Personalentwicklung
Schlüsselthemen
• Inklusive Schul- und Unterrichtsentwicklung • Integrative/inklusive Fördermaßnahmen • Professionalisierung und Lehrerbildung

Die verschiedenen Ebenen, die in der Forschung zu untersuchen sind, lassen sich in drei übergeordneten Aspekte zusammenführen: Es sind dieses Fragen der praktischen Ausgestaltung auf Ebene der Schulorganisation und Unterrichtsgestaltung (»inklusive« Schul- und Unterrichtsentwicklung) sowie der konkreten Ausgestaltung sonderpädagogischer (und anderer) »Fördermaßnahmen« sowie der grundlegende Aspekt einer Professionalisierung der beteiligten Berufsgruppen für die pädagogische Arbeit unter der Zielsetzung schulischer Integration/Inklusion. Wir sprechen hier von »Schlüsselthemen«, da diese ganz entscheidend sind für die Praxis integrativer/inklusiver Erziehung und Bildung in Schule und Unterricht.

3.5 Offene Fragestellungen und Perspektiven für die Forschung

In der Forschung sind die benannten »Schlüsselthemen« bislang kaum hinreichend untersucht worden. Trotz der auch theoretisch erkenntnisreichen Studien aus der Anfangszeit der Integrationsforschung ist gerade mit Blick auf das Themenfeld der »inklusiven« Schul- und Unterrichtsforschung ein eklatantes Theorie- und Forschungsdefizit festzustellen (vgl. auch Willmann 2020b). Gleiches lässt sich für die thematische Engführung auf förderpädagogische Fragestellungen festhalten: auch die Sonderpädagogik zeigt in Theorie und Forschung kaum klare Konturen, wenn es darum geht, die Möglichkeiten (und Grenzen!) der sonderpädagogischen Förderung unter integrativer/inklusiver Zielsetzung zu definieren.

Allenfalls zeigt sich über die letzten zwei Dekaden eine vorsichtige Tendenz, unter Verweis auf die Eigenstruktur der Erziehung und die daraus sich einstellende Eigenlogik der pädagogischen Berufe eine professionalisierungstheoretisch inspirierte Grundlagenforschung zu betreiben (Combe & Helsper 1996; Horster, Hoyningen-Süess & Liesen 2005).

Die sogenannte Inklusionsforschung der Gegenwart indes begibt sich kaum mehr in die Niederungen einer reflexiven Erforschung der realen Unterrichtspraxis. Insbesondere die Forschungsprogramme quantitativ-empirischer Provenienz zielen vielmehr einseitig auf eine Bereitstellung von technologischem und unmittelbar verwertbarem Steuerungs- und Handlungswissen, das über sonderpädagogische Programmentwicklung und Evaluationsforschung Applikationsempfehlungen für die Politik und Bildungsadministration sowie die pädagogische Praxis ausspricht. Ein öffentlichkeitswirksam inszeniertes Forschungsprogramm aus diesem Kontext ist das sogenannte »Rügener Inklusionsmodell« (https://www.rim.uni-rostock.de), in dem Konzepte aus der US-amerikanischen Forschung für den deutschen Sprachraum adaptiert wurden und die auf die Entwicklung von

Förderprogrammen als »evidenzbasierte Praxis« zielen (kritisch dazu Willmann 2018).

Unter der Bezeichnung »Zentrum für empirische Inklusionsforschung« hat sich zudem mittlerweile über verschiedene Hochschulstandorte hinweg ein Netzwerk Gleichgesinnter organisiert. Unter der Zielsetzung, die »empirischen Effekte der Inklusion« erforschen zu wollen, widmet sich das Zentrum nach eigener Darstellung unter anderem auch der didaktischen Frage. Unter den insgesamt sechs »Arbeitsgebieten« (die ersten fünf lauten: Bedingungen gelungener Inklusion; wissenschaftliche Begleitung und Steuerung; Lehrergesundheit; Prävention und Intervention; Diagnostik und Früherkennung) wird die »Differenzielle Didaktik im inklusiven Unterricht« an das Ende gereiht (vgl. ZEIF 2020). Eine inhaltliche Konkretisierung findet sich an dieser Stelle nicht (und auch die am Netzwerk beteiligten Forscher*innen sind in ihren bisherigen Arbeiten nicht durch didaktische Arbeiten im Kontext des gemeinsamen Unterrichts hervorgetreten) – aber bereits die Ausweisung einer als »differenziell« markierten Didaktik des inklusiven Unterrichts steht der Theorie und Forschung im Bereich der »integrativen Didaktik« diametral entgegen, die ja gerade als eine »allgemeine« und also »nichtdifferenzielle« Didaktik verstanden wird (▶ Kap. 2.1 und ▶ Kap. 2.2).

Gerahmt wird die empirische Effektivitäts- und Evaluationsforschung durch die enorme Expansion einer indikatorengestützten empirischen Inklusionsforschung – wir hatten diese Entwicklungen in der dritten Etappe der Integrationsforschung bereits näher ausgeführt (▶ Kap. 3.3.3). So hilfreich einzelne schulstatistische Daten auch sein mögen, sie vermögen bestenfalls, sehr grobschlächtig globale Trends und Entwicklungsverläufe abzubilden, und ihr Nutzen für ein tiefergehendes Verständnis der sich in der Erziehungswirklichkeit ereignenden inklusiven und auch exklusiven Bildungsprozesse bleibt äußerst begrenzt. Die indikatorengestützten statistischen Dokumentationen können Verstehensprozesse in der wissenschaftlichen Forschung im besten Fall ergänzen. Ersetzen können sie diese nicht.

Auch die empirische Inklusionsforschung sonderpädagogischer Prägung ist hier nur bedingt erkenntnisreich, geht es ihr doch zu

3.5 Offene Fragestellungen und Perspektiven für die Forschung

weiten Teilen um die effektivitätsmessende Evaluation von selbstentwickelten Interventionsmaßnahmen und Förderprogrammen. Als eines der folgenreichsten Forschungsdesiderata ist der Mangel an einer systematischen Aufarbeitung der Forschungsergebnisse aus mehr als 40 Jahren wissenschaftlicher Untersuchungen zur integrativen/inklusiven Erziehung und Bildung zu sehen. Hier drohen wichtige Erkenntnisse in Vergessenheit zu geraten (Preuss-Lausitz 2018).

Eine in dieser Hinsicht bislang ebenfalls noch nicht systematisch erschlossene Quelle für einen Forschungsüberblick bieten die Tagungsbände zu den seit Mitte der 1980er Jahre stattfindenden Jahrestagungen der Inklusionsforscher*innen, die im Klinkhardt Verlag verlegt werden und in denen regelmäßig über eine Vielzahl kleinerer Studien und Forschungsprojekte berichtet wird.

Zudem hat gerade die sonderpädagogische Forschung bislang der Untersuchung behinderungs- und förderschwerpunktspezifischer Aspekte in der schulischen Inklusion erstaunlich wenig Aufmerksamkeit gewidmet. Hier mangelt es zudem an Studien, die den gemeinsamen Unterricht in der allgemeinen Schule direkt vergleichen mit dem Spezialunterricht in separaten Lernumgebungen. In diesem Zusammenhang ist auch festzustellen, dass die Sonderschulforschung über lange Zeit sträflich vernachlässigt wurde. Die sonderpädagogische Exklusionsforschung steckt noch in den Kinderschuhen und gleiches gilt auch für Ansätze einer partizipatorisch-emanzipatorischen Forschung, die nicht nur die Innenperspektive auf schulische Inklusions- und Exklusionserfahrungen aufspannt, sondern Selbst- und Mitbestimmungsrechte auch für die wissenschaftliche Erkenntnisproduktion einfordert (▶ Kap. 4.1).

4

Pädagogische Praktiken

Es liegt nahe, im folgenden Abschnitt nach den praktischen Implikationen zu fragen, die sich aus der Analyse der Theorien und aus der Sichtung des Forschungsstandes ergeben. In der Gegenwartspädagogik wird diese Frage sehr einseitig in Richtung auf die Applikation wissenschaftlich geprüfter didaktischer Methoden und Verfahrensprozeduren für den Unterricht gelenkt. Diese anwendungsbezogene Erwartungshaltung, die sich hiermit an Theorie und Forschung formuliert, stützt sich auf der mehr oder minder unreflektierten Grundannahme, dass der Pädagogik eine Anwendungstechnologie zugrunde liegt, durch die ein Übertrag theoretischer Annahmen über die Forschung in die Praxis ermöglicht werden könnte.

Die folgenden Überlegungen stehen konträr zu einem solchen erziehungstechnologischen Modell. Theorie, Forschung und Praxis der Erziehung und Bildung werden stattdessen in ihrer wechselseitigen Bezugnahme betrachtet. Diese Dialektik begründet einen wissenschaftsmethodologischen Reflexionsbedarf über eben diese Wechselwirkungen, dem wir in den abschließenden Überlegungen zur Praxis der integrativen Erziehung und Bildung nachkommen wollen.

4.1 Theorie-Praxis-Relationierungen in der Sonderpädagogik

Die Frage nach der Relationierung von Theorie, Forschung und Praxis ist für die Pädagogik zentral und sie nimmt in der Fachdiskussion seit jeher einen großen Stellenwert ein (exemplarisch: Benner 1980; Koring 1997; Böhm 2011; Krüger 2012).

Dabei kann grob zwischen zwei unterschiedlichen wissenschaftlichen Traditionslinien – wir können durchaus von Paradigmen sprechen – unterschieden werden, die sich in zwei gegensätzlichen Modellen der Theorie-Praxis-Relationierung skizzieren lassen: dem reflexiven Modell (Theorie und Forschung als Reflexion der Erziehungspraxis) steht ein technologisches Modell (Theorie und Forschung als Anleitung der Erziehungspraxis) gegenüber (Willmann 2020c).

In der Traditionslinie des ersten Modells stehen hermeneutische und rekonstruktive sowie gesellschaftskritische Ansätze im Vordergrund, die darauf abzielen, die real existierende Erziehungspraxis durch verschiedene (vorrangig hermeneutische, rekonstruktive und dialektische) Methoden kritisch abzubilden und deren Sinn und Bedeutung zu erschließen. Theorie und Forschung stehen so in einem dialektischen Spannungsverhältnis zur Praxis der Pädagogik und begründen sich zugleich über eben diese Praxis. Im erziehungstechnologischen Modell hingegen wird theoretisch modelliert, was als Pädagogik dann unter den Bedingungen empirischer Kontrolle praktisch erprobt und angewandt werden soll.

Aus den beiden Traditionslinien pädagogischer Theorie-Praxis-Relationierung leiten sich divergierende Ansätze und Konzepte der sonderpädagogischen Förderung (»Förderparadigmen«) ab. In Anlehnung an das reflexive Modell wird sonderpädagogische Förderung als dialogisches Prinzip konzipiert, das sich auf intersubjektiven Verständigungsleistungen in Erziehungs- und Bildungssituationen gründet. Demgegenüber zielt das Förderparadigma im Rahmen des technologischen Modells auf die Entwicklung von standardisierten Interventionsprogrammen als Anleitung für die Unterrichtspraxis. Diese beiden Förderparadigmen bewegen sich somit zwischen zwei entgegengesetzten Polen: dem »Verstehen« auf der einen, und dem »Behandeln« auf der anderen Seite (Willmann 2020c). Bei allen theoretischen Differenzen und forschungsmethodologischen sowie praktischen Gegensätzlichkeiten jedoch findet sich in den beiden Modellen auch eine Gemeinsamkeit: Beide Modelle begründen eine professionelle Handlungspraxis, die auf einen definierten Personenkreis (»Schüler*innen«; »Klient*innen«; »Patient*innen«) ausgerichtet ist, der als Kreis der Empfänger*innen professioneller Dienstleistungen adressiert wird.

Mit dieser Zuweisungslogik ist sonderpädagogische Förderung immer beides zugleich: Inklusionshilfe und Exklusionsrisiko. Inklusionsförderlich kann die Zielsetzung sein, durch sonderpädagogische Unterstützungsangebote schulische Inklusion zu begleiten und integrative Prozesse in Erziehung und Bildung zu fördern. Exklusionsrisiken bestehen hierbei aber bereits durch die bloße Bereitstellung spezifischer Fördermaßnahmen, die nach vermeintlichen Eigenschaften der Schüler*innen (spezielle Förderbedarfe) kategorisiert werden. Die konzeptionelle und inhaltliche Ausgestaltung der Maßnahmen kann dann ganz konkret inklusionsförderlich oder -hinderlich und entsprechend exklusionsvermeidend oder -verstärkend wirksam werden.

Ein drittes Paradigma der pädagogischen Theorie-Praxis-Relationierung gewinnt gegenwärtig im Rahmen der »inklusiven Forschung« (»inclusive research«) an Kontur. In der Traditionslinie partizipatorischer Forschungsansätze sowie der pädagogischen Aktions-, Hand-

4.1 Theorie-Praxis-Relationierungen in der Sonderpädagogik

lungs- und Praxisforschung fordert inklusive Forschung eine radikale Umsetzung des Partizipationsgedankens auch in der Forschung. Das partizipativ-inklusive Forschungsparadigma zielt im sonderpädagogischen Kontext auf die aktive und entscheidungsmächtige Einbindung von Menschen mit Behinderungen (Goeke & Kubanski 2012). Damit geht dieses Forschungsprogramm weit über eine bloße Berücksichtigung subjektiver Betroffenenperspektiven hinaus, wie sie in der sonderpädagogischen Forschung durchaus eine Tradition hat (etwa unter dem Stichwort »children's/student's voice«; z. B. Bishton 2007). Die artifizielle Subjekt-Objekt-Trennung, die aber auch der Forschungsperspektive von Voice zugrunde liegt – denn diese bleibt immer noch eine Stellvertreter*innenforschung –, wird durch partizipatorisch-inklusive Ansätze überwunden. »Inklusion« steht in diesem Forschungsparadigma nicht mehr allein für ein Themengebiet bzw. eine Untersuchungsfragestellung, sondern »Inklusion« markiert zugleich auch ein Konzept praktizierter inklusiver Forschungspraxis. Es wird nicht *über* die Bedingungen, Sichtweisen etc. betroffener Subjekte geforscht, die der Forschung als Forschungs-»Objekte« dienen, sondern diese werden als Forschungspartner*innen in die Forschungspraxis »inkludiert«. Inklusive Forschung forscht daher nicht über, sondern gemeinsam mit den Subjekten der Alltagspraxis.

Vor dem Hintergrund des inklusiven Erziehungs- und Bildungsauftrags eröffnet das Forschungsprogramm von Inclusive Research eine völlig neue Perspektive auf die Theorie-Praxis-Relationierung in der Pädagogik und die Förderparadigmen in der Sonderpädagogik (Willmann 2020c). In radikaler Lesart leitet sich aus dem partizipativ-inklusiven Forschungsprogramm die Forderung nach einer Partizipation von Schüler*innen nicht nur an pädagogischer Forschung ab, sondern auch nach einer Einbindung in die pädagogische Programmgestaltung und didaktische Planung.

Hierdurch wird nicht nur das traditionelle Selbstverständnis der Sonderpädagogik in der Trias von Institution, Profession und Disziplin fraglich, die in sich eine sonderpädagogische Expertise zu gründen sucht. Vielmehr führt Inklusion in einem umfassenden Sinne zu einer Rückbesinnung auf die reformpädagogische Grundforderung nach einer aktiven Beteiligung der »Lernenden« an der Gestaltung schulischer Lern- und Bildungsprozesse.

4.2 Pädagogisches Handeln als Inklusionshilfe *und* Exklusionsrisiko

Unter dem thematischen Blickwinkel unserer Überlegungen erweist sich Pädagogik immer als beides zugleich: Inklusionshilfe und Exklusionsrisiko. Damit gemeint ist nicht ausschließlich der auf die institutionellen Systemgrenzen fokussierende Blick (z. B. die Schulform betreffend, also etwa Inklusion in versus Exklusion von der allgemeinen Schule oder dem Regelunterricht), sondern sehr viel grundlegender die konkreten sozialen Praktiken, in denen das didaktische und das förderpädagogische Handeln vollzogen wird.

In dieser Hinsicht verweist die schulische Inklusion also nicht zuletzt auf Fragen einer veränderten Unterrichtspraxis unter den Bedingungen einer reformierten Schule, deren wesentliches Merkmal in einer Aufhebung der traditionellen Arbeitsteilung zwischen Normal- und Sonderpädagogik liegt. Der gemeinsame Unterricht beschreibt dabei den Kernbestandteil eines auf Inklusion verpflichteten Schulwesens. Der Didaktik kommt hier eine besondere Bedeutung zu, da sie im Mittelpunkt aller schulischen und unterrichtlichen Erziehungs- und Bildungsbemühungen steht.

4.2.1 Didaktisches Handeln im (gemeinsamen) Unterricht

Der ungehinderte Zugang zu Schule und Unterricht ist Bedingung der Möglichkeit zur Teilhabe an schulisch-organisierten Lehr-Lernangeboten, aber erst in der didaktischen Ausgestaltung des Schulunterrichts finden die konkreten pädagogischen Prozesse statt, die sich als

4.2 Pädagogisches Handeln als Inklusionshilfe *und* Exklusionsrisiko

förderlich oder auch hinderlich für die Erziehung und Bildung erweisen.

Das Zugangsproblem verweist primär auf systemische (konkret: schulrechtliche und -organisatorische Rahmenbedingungen) und lässt sich mittels Inklusionsbegriff hinreichend klar abbilden. Die Frage nach der operativen pädagogischen Handlungspraxis hingegen verweist auf eine hochkomplexe Ebene, die sich einer einfachen Aufzählung notwendiger Variablen konsequent entzieht. Die soziale Handlungspraxis von Erziehung und Bildung ist gegenüber den Organisationsvariablen ihrer Institutionen ungleich vielschichtiger und weitaus weniger steuerbar. Interessanterweise stehen in der aktuellen Diskussion zur »inklusiven Schul- und Unterrichtsentwicklung« mitunter die organisatorischen Rahmenbedingungen im Vordergrund und verdrängen dabei didaktische Fragen (so etwa bei Scheer & Laubenstein 2018; Hellmich et al. 2018; vgl. kritisch hierzu: Willmann 2020b).

Theoretisch und konzeptionell wären die Fragen der Unterrichtsgestaltung im Rahmen der didaktischen Theoriebildung zu behandeln. Unter der Zielsetzung der gemeinsamen Erziehung und Bildung liegen nur vereinzelte Beiträge zu einer »integrativen Didaktik« (Feuser 1989; 1995; Reiser 1995a; b) respektive zu einer »inklusiven Didaktik« (Reich 2014; Ziemen 2018) vor. An einer systematischen und umfassenden Ausarbeitung einer Didaktik des gemeinsamen Unterrichts fehlt es indes bis dato – und es ist fraglich, inwieweit eine solche didaktische Theorie überhaupt möglich wäre, wenn sie doch dem eigenen Selbstverständnis nach nichts Anderes ist oder sein kann als eine »gute« allgemeine Didaktik, die der Heterogenität und Diversität in Lerngruppen die notwendige Aufmerksamkeit schenkt.

Allerdings stellt sich mit Blick auf das Differenzkriterium »Behinderung« die Frage, inwieweit eine solche Didaktik in der Lage sein kann, den Aspekt der Individualisierung des Unterrichts so weit zu fassen, dass auch spezielle sonderpädagogische Unterstützungsmaßnahmen in den gemeinsamen Unterricht integriert werden können. Und andersherum fragt es sich zugleich, unter welchen Bedingungen sonderpädagogische Fördermaßnahmen überhaupt anschlussfähig sind an eine Didaktik des gemeinsamen Unterrichts oder ob nicht bereits mit der sonderpädagogischen Differenzbildung (»sonderpädagogischer Förderbedarf«) eine pädagogische Selektion erfolgt, die eine Teilgruppe aus dem allgemeinen didaktischen Orientierungsrahmen exkludiert.

4.2.2 Sonderpädagogische Förderung

Bereits durch die Unterscheidung zwischen Schüler*innen mit und ohne »sonderpädagogischem Förderbedarf« wird eine pädagogische Differenz gebildet, die eine fragwürdige Homogenisierung erzeugt. Die Unterscheidung in zwei Gruppen ist insofern problematisch, als der Förderbedarf den Schüler*innensubjekten wie eine Eigenschaft askribiert wird. Diese häufig als »Zwei-Gruppen-Theorie« bezeichnete Differenzbildung ist aber nicht nur folgenschwer, weil ihr die falsche Dichotomie zweier scheinbar homogener Schüler*innengruppen zugrunde liegt, sondern auch, weil die aus dieser Dichotomisierung abgeleiteten schulorganisatorischen Maßnahmen und auch die pädagogischen Praktiken zur schulischen Separierung und somit zur Exklusion aus dem Regelunterricht beitragen. In dieser Perspektive sind Schule und Unterricht in Sonderklassen und Sonderschulen per defitionem immer als exklusive Erziehungs- und Bildungsmaßnahmen zu verstehen, was aber nicht zugleich heißt, dass in diesen exklusiven Settings keine gemeinsamen Erziehungs- und Bildungsprozesse stattfinden könnten, die individuelles wie gemeinschaftliches Lernen fördern.

Andersherum sind sonderpädagogische Fördermaßnahmen nicht allein schon deswegen »integrativ« wirksam, bloß weil sie in einem »inklusiven« Rahmen (also unter Vermeidung der Aussonderung in spezielle Lernumgebungen) bereitgestellt werden. Bereits in den Anfängen der Integrationsforschung stellen Reiser et al. (1984, S. 309) dazu fest: »Alle Interventionsversuche können durch Umformungsprozesse Wirkungen entfalten, die das Gegenteil der beabsichtigten Ziele zur Folge haben.«

4.2 Pädagogisches Handeln als Inklusionshilfe *und* Exklusionsrisiko

Es droht also die nicht geringe Gefahr, dass unter dem Label von Integration oder Inklusion eine ganze Reihe sonderpädagogischer Maßnahmen firmieren, die bei näherer Betrachtung wenig geeignet scheinen, integrative Erziehungs- und Bildungsprozesse anzuregen. Diese Gefahr ist exemplarisch für Verfahren wie den »Response-to-Intervention«-Ansatz – und mit diesem das »Rügener Inklusionsmodell« – kritisch diskutiert worden (z. B. Willmann 2018). Eklatant wird die durchgängig exklusionsriskante Ausrichtung vermeintlich »inklusionspädagogischer« Konzepte im gesamten Bereich der sogenannten »evidenzbasierten« Förderpädagogik, die gerade im Bereich der schulischen Erziehungshilfe einer behavioralen Präventions- und Interventionspädagogik den Weg ebnet (kritisch dazu: Willmann 2020a).

Insgesamt zeigen die Diskurse in der Allgemeinen Schulpädagogik und der Sonderpädagogik traditionell nur wenig gemeinsame Berührungspunkte, und die Frage der förderpädagogischen Unterstützung im gemeinsamen Unterricht wird von der Allgemeinen Didaktik wie den Fachdidaktiken bislang kaum gestellt (▶ Kap. 1.1.2).

Wir greifen den Aspekt an dieser Stelle auf unter Fortführung der Theorie integrativer Prozesse (▶ Kap. 2.2), deren didaktische Implikationen hier noch einmal herausgestellt werden. Von besonderem Interesse ist hierbei, wie der Aspekt der sonderpädagogischen Förderung den gemeinsamen Unterricht im Sinne einer pädagogisch-therapeutischen Funktion zu ergänzen vermag.

4.2.3 Das Modell einer integrativen Didaktik mit therapeutischen Implikationen: Themenzentrierte Interaktion

In dem didaktischen Modell von Helmut Reiser (1995a; b; c) werden zwei Ebenen zusammengeführt, die traditionell eher getrennt voneinander verhandelt werden: die didaktische Dimension wird um eine pädagogisch-therapeutische (und in diesem Sinne »sonderpädagogische«) Ebene erweitert.

4 Pädagogische Praktiken

Der Ansatz findet seinen Entstehungszusammenhang im Kontext der Theorie integrativer Prozesse, deren Grundlagen wir weiter oben skizziert hatten (▶ Kap. 2.2). An dieser Stelle werden die didaktischen Implikationen herausgearbeitet, die in der Weiterentwicklung der Theorie integrativer Prozesse an verschiedenen Stellen von Helmut Reiser (1995a; b; c; 2006) selbst ausformuliert worden sind.

Das Vier-Faktoren-Modell der Unterrichtsanalyse

Auf der Grundlage des Vier-Faktoren-Modells (Ich-Wir-Es-Globe) der *Themenzentrieten Interaktion (TZI)* entwickelt Reiser (1995a; b) ein Modell der Bedingungsanalyse des Unterrichts, mit dem das traditionelle Verständnis der Unterrichtsanalyse erweitert wird. Neben die *didaktische Analyse*, die den Stoff in den Mittelpunkt der Unterrichtsplanungen stellt, werden drei weitere Segmente arrangiert.

Schulunterricht findet als Interaktions- und Kommunikationsbeziehung statt. Die pädagogische Beziehungsgestaltung – ein in den meisten didaktischen Konzepten unterbestimmtes Thema – wird durch die *Beziehungsanalyse* einer eingehenden Betrachtung zugeführt. Durch das Segment »*mein Kernanliegen*« werden die Lehr- und Lernziele vor dem Hintergrund einer kritischen Betrachtung der eigenen Einstellung der Lehrkraft auf den Unterrichtsstoff reflektiert. Das dritte Segment (»*persönliche Voraussetzungen und psychodynamische Analyse*«) schließlich erweitert die in der Didaktik häufig auf die kognitiven Voraussetzungen der Schüler*innen für den Lerngegenstand begrenzte Perspektive um die Aspekte der motivationalen und emotionalen Voraussetzungen. Damit wird die doppelseitige Bedeutung der stofflichen Angemessenheit betont, nämlich die »Voraussetzungen der Personen für den Stoff, wie auch Voraussetzungen des Stoffes für die Personen, d. h. die stofflichen Inhalte sind auch im Hinblick auf die Personen zu bestimmen« (Reiser 1995b, S. 137).

Mit der psychodynamischen Analyse wird dem Umstand Rechnung getragen, dass Gefühle und Emotionen wesentliche Attraktoren wie auch zentrales Movens für Lern- und Aneignungsprozesse sind – ein

4.2 Pädagogisches Handeln als Inklusionshilfe *und* Exklusionsrisiko

Aspekt, der in vielen didaktischen Ansätzen unterrepräsentiert ist. Mit ihrer Berücksichtigung im Rahmen der Unterrichtsreflexion wird die psychodynamische Dimension zu einem Teil der didaktischen Analyse und erweitert deren Blickfeld. Sie bietet einen Zugang zu den unbewussten Dynamiken, die auf verschiedenen Ebenen in das Unterrichtsgeschehen hineinspielen können. Die Psychodynamik kann den Unterrichtsverlauf und die Lernprozesse in der Gruppe erheblich lenken – positiv wie negativ – und bietet daher reichhaltiges Material für engagiert-lustvolle Lernprozesse, aber auch für Unterrichtsstörungen (siehe: Der didaktische Umgang mit Störungen).

In jedem der drei Segmente spiegelt sich zugleich der die Lerngruppe umfassende äußere Rahmen (»Globe«). Dieser Außeneinfluss stellt eine wesentliche Dimension aller Lernprozesse dar und er ist daher in der Planung und Reflexion des Unterrichts stets zu berücksichtigen.

Die didaktische Aufgabe der Lehrkraft ist es, die vier Gruppenfaktoren vermittels der drei Unterrichtssegmente dynamisch auszubalancieren.

Unterricht als dynamische Balance von Gleichheit und Verschiedenheit

Die durch den Ansatz der Themenzentrierten Interaktion exponierte »*Themenzentrierung*« erläutert Reiser (2006, S. 123) als den für den Erziehungsprozess zentralen Bezugspunkt, durch den »die dritte Sache« in der pädagogischen Beziehung markiert wird:

> »Soziale und emotionale Entwicklung ereignet sich nicht nur im Raum der Beziehung, sondern immer in einem triangulierenden Verhältnis zwischen Individuum, personaler Umwelt und sachlicher Weltzuwendung [...]. Es geht also in der Erziehung stets auch um etwas Drittes, nicht nur um die Beziehung zwischen Personen, sondern immer auch um den Bezug zur Welt« (Reiser 2006, S. 123 f.).

Im Vermittlungsbezug auf »die dritte Sache« kommt der Beziehung allerdings eine herausgehobene Stellung zu. Hiermit wird die bereits erläuterte Dialektik von Gleichheit und Verschiedenheit zu einem pädagogischen Grundthema, das gerade auch für das schulische Lernen von grundlegender Bedeutung ist.

»Die von der TZI axiomatisch vorausgesetzte Gegensatzeinheit von Autonomie und Interdependenz erscheint hier als eine Einheit von gegensätzlichen, doch auf einander angewiesenen Bedürfnissen im Lernprozeß: Das Bedürfnis nach selbständiger Entwicklung und Abgrenzung einerseits und andererseits das Bedürfnis nach Zugehörigkeit und Gemeinsamkeit« (Reiser 1995b, S. 143).

Hieraus formuliert sich die didaktische Herausforderung, das Lernen im Unterricht so zu fördern, dass gleichzeitig gruppenförmige wie auch individuelle Aneignungsprozesse möglich sind.

»Beim gemeinsamen Unterricht in heterogenen Lerngruppen wird nur besonders augenfällig, was für jede Lerngruppe gilt: Jede(r) Lernende ist verschieden, jede(r) Lernende benötigt einen individuellen Spielraum für seinen Lernprozeß, jede(r) ist deshalb angewiesen auf differenzierende Elemente des Unterrichts. Andererseits ist jede(r) individuelle Lernprozeß angewiesen auf Resonanz und Rückkopplung, auf die Gemeinsamkeit in einer Gruppe, die stützt, anregt und ermuntert; in der Gruppe der gemeinsam Lernenden wird immer wieder auch das Moment der Gleichheit hergestellt über gemeinsame Themen, Vorhaben und Gestaltungen und die Akzeptanz gleicher Rechte« (Reiser 1995b, S. 143).

Die didaktische Aufgabe der Lehrkraft liegt also letztlich genau darin, die Dialektik von Gleichheit und Differenz im Zugang zur Welt dynamisch auszubalancieren und Lernprozesse in der Gruppe anzuregen und zu fördern.

»Wenn ich Erziehung und Bildung als das Bemühen betrachte, die Innenwelt der Heranwachsenden mit der Außenwelt kultureller Bestände in Verbindung zu bringen, die äußere Realität auf die innere Realität zu beziehen, Außerpsychisches und Innerpsychisches in ein fruchtbares Wechselverhältnis zu bringen, dann ist mein pädagogisches Handeln eine Gratwanderung zwischen der Dominanz des Objektiven über die Innenwelt des lernenden Subjekts« (Lotz 1995, S. 238).

Störungen in der Balance sind damit ein wichtiges Moment in der Dynamik von Lernprozessen in Gruppen, die nicht mit allen Mitteln zu unterbinden sind, damit der Unterricht »störungsfrei« verlaufen kann, denn auch Störungen können in produktives Lernen überführt werden.

Der didaktische Umgang mit Störungen

Störungen und deren Bewältigung sind Teil von Lernprozessen in Gruppen.

»Jede Gruppe bildet sich durch selbstregulative Prozesse aus [...]. Für die Selbstregulation ist die Dysbalance ebenso wichtig wie die Balance: Das Kippen aus der Balance, das Sprengen des mainstreams, ist in der TZI [...] ebenso angelegt wie das Wiederfinden der Balance« (Reiser & Dlugosch 1998, S. 9).

Dysbalancen als Störungen in der Gruppe können verschiedene Ursachen haben (Rubner 1992): sie entstehen auf der individuellen Ebene, also aus den Personen heraus, aus der Gruppe selbst, aus der Gruppenleitung oder dem Ansatz (TZI als Philosophie und Methode) oder auch aus den äußeren Rahmenbedingungen, dem Globe. Dabei steht die verursachende Bedingung immer in einer Korrelation »zwischen der Lernaufgabe, dem Globe, der Situation in der Gruppe und dem Inhalt und der Form der Störung« (Rubner 1992, S. 16). »Entsprechend darf eine Störung nicht als Ablenkung vom ›Eigentlichen‹ gesehen, sondern sie muß als Beitrag zu diesem ›Eigentlichen‹ gesehen und behandelt werden« (S. 17).

Ein produktiver lernfördernder Umgang mit Störungen setzt also voraus, dass diese nicht ignoriert oder einfach beseitigt werden, sondern dass ihnen Raum im Gruppenprozess gegeben wird. Dieses Verständnis bildet sich unter anderem in den Postulaten und den Hilfsregeln der TZI ab. Das sogenannte »Störungspostulat« räumt »Störungen und Betroffenheit« den Vorrang ein (Cohn 1975a, S. 122).

»Störungen fragen nicht nach Erlaubnis, sie sind da: als Schmerz, als Freude, als Angst, als Zerstreutheit; die Frage ist nur, wie man sie bewältigt. Antipathien und Verstörtheiten können den einzelnen versteinern und die Gruppe unterminieren; unausgesprochen bestimmen sie Vorgänge in Schulklassen, in Vorständen, in Regierungen. Verhandlungen und Unterricht kommen auf falsche Bahnen oder drehen sich im Kreis. Leute sitzen am Pult und am grünen Tisch in körperlicher Gegenwart und innerer Abwesenheit. Entscheidungen entstehen dann nicht auf der Basis von realen Überlegungen, sondern unterliegen der Diktatur der Störungen – Antipathien zwischen den Teilnehmern, unausgesprochene Interessen und persönlichen depressiven und angstvollen Gemütsverfassungen. Die Resultate sind dementsprechend geist- und sinnlos und oft destruktiv. Die unpersönlichen ›störungsfreien‹ Klassenzimmer, Hörsäle, Fabrikräume, Konferenzzimmer sind dann angefüllt mit apathischen und unterwürfigen oder mit verzweifelten und rebellierenden Menschen, deren Frustration zur Zerstörung ihrer selbst oder ihrer Institution führt« (ebd.).

Störungen in Gruppensituationen können verstanden werden als der vitale Ausdruck für die dialektischen Bestrebungen des Einzelnen, an der Gruppe teilzuhaben, sich zu intergieren, als Teil der Gemeinschaft anerkannt zu werden, ohne dabei die eigene Individualität, das eigene Selbst, die eigenen Wünsche und Bedürfnisse aufzugeben.

»Gefühle, Phantasien, Empfindungen und Ereignisse in der Gruppe, ja Symptome von Erkrankungen, die vom Wege abzulenken scheinen, sind eben oft keine Ablenkung, sondern Ausdruck des verdrängten Geschehens, wertvolle Fingerzeige zu den wichtigen Themen. Gerade deshalb gilt es, sie zu beachten« (Reiser 1995a, S. 22).

Das gilt gerade auch für das Lernen im Schulunterricht, findet aber in den meisten didaktischen Theorien keine Beachtung. Ganz im Gegenteil ist der ausgeprägte Drang nach der »Entstörung« schulischer Lernprozesse durch die Entwicklung entsprechender Unterrichtstechnologien, die Störungen im Vorhinein vermeiden sollen, schier ungebrochen, ja bisweilen scheint es, als würde er unter dem Banner der Inklusion sogar noch ausgeweitet (▶ Kap. 3.1).

Teil dieser »Entstörungstechnologie« ist die Reduzierung schulischen Lernens auf primär kognitive Aspekte und die weitestgehende Ausblendung von Gefühlen und Emotionen – und damit einer der Hauptquellen für die menschliche Entwicklung und das persönliche wie kollektive Wachstum. Gegen die zugrundeliegenden »Prinzipien der ›Verdinglichung‹ und des Rivalisierens, die unsere Schulen völlig durchdringen« und zu einer Dehumanisierung von Erziehung und Bildung führen, wendet sich die humanistische Erziehung (z. B. Rogers 1974; Cohn 1975b).

4.2 Pädagogisches Handeln als Inklusionshilfe *und* Exklusionsrisiko

»Das Postulat, daß Störungen und leidenschaftliche Gefühle den Vorrang haben, bedeutet, daß wir die Wirklichkeit des Menschen anerkennen; und diese enthält die Tatsache, daß unsere lebendigen, gefühlsbewegen Körper und Seelen Träger unserer Gedanken und Handlungen sind. Wenn diese Träger wanken, sind unsere Handlungen und Gedanken so unsicher wie ihre Grundlagen« (Cohn 1975a, S. 122).

In Ergänzung mit der siebenten und zehnten Hilfsregel (»Seitengespräche haben Vorrang« und »Beachte die Körpersignale!«) erinnert das Störpostulat daran, die Störanfälligkeit sozialer Beziehungen und Lernprozesse in Gruppen in Rechnung zu stellen und daher Störungen bewusst wahrzunehmen – es gibt aber nicht vor, ob, wann und wie mit einer Störung umzugehen ist.

Diese Klarstellung ist wichtig, da die zum Teil sehr einseitige Rezeption des Störungspostulats gerade in der Pädagogik zu dem Missverständnis geführt hat, dass Störungen grundsätzlich vorrangig zu bearbeiten sein. Dieses Missverständnis resultiert aus der Fehldeutung von Postulaten und Hilfsregeln als technologische Anleitungen. Nach Reiser (1995a, S. 21) zeige sich hieran »sehr deutlich, welche Missverständnisse auftreten können, wenn einer der zentralen Sätze aus dem Zusammenhang des Systems gerissen wird und isoliert wird zur Glaubensaussage oder direkt anwendbaren Regel«.

Die innere Systematik der TZI beruht auf drei Orientierungsebenen: Auf der Ebene der Theorie sind die drei Axiome (Autonomie – Wertschätzung – Erweiterung der Grenzen) angesiedelt, auf der Ebene der Methoden die beiden Postulate (Chairperson- und Störungspostulat), die sich aus den Axiomen ableiten. Der Ebene der Techniken sind die »Hilfsregeln« zugeordnet. Diese stellen variable Instrumente bereit, mit denen das Verhalten und Interaktionen in Gruppen situations-, feld- und aufgabenspezifisch reflektiert und ggf. korrigiert werden können. Die Hilfsregeln sind als Empfehlungen zu verstehen, nicht als Rezepte.

Betrachtet man das Störungspostulat nicht isoliert, sondern im Gesamtzusammenhang der TZI, dann bietet es eine wichtige »Aufmerksamkeitshilfe« – und erscheint nicht als »Regel« oder »Gesetz« (Kroeger 2010, S. 12).

»Dieses Postulat ist vielmehr im Blick auf die ganze Bandbreite von ›Preoccupation‹ und ›leidenschaftlichem Gefühl‹ bis zu ›psychischer Verstörtheit‹ eine Aufmerksamkeitshilfe und leitet an, wachsam zu sein und einzuschätzen, wann etwas hilfreich oder nötig ist – im Interesse der Menschen wie auch im Interesse des Themas, d. h. im Interesse der Lebendigkeit beider!« (ebd.).

In der Dialektik, die die beiden Postulate miteinander verbindet, spiegelt sich zugleich das Autonomie-Interdependenz-Axiom (Hoffmann 2014, S. 102):

»Im System der TZI kann die Forderung »Störungen haben Vorrang« in Relation zum Chairperson-Prinzip als die andere Seite der Medaille aufgefasst werden. Die beiden Postulate stehen zueinander in einem dialektischen Verhältnis und thematisieren positiv die Möglichkeiten (Chairpersonship) und als Negation die Hindernisse menschlicher Lern- und Entwicklungsprozesse.«

Die Postulate sind nach Cohn (1975a, S. 123) »Klarstellungen existentieller Phänomene und nicht auswechselbare Spielregeln«, die sich aus den TZI-Axiomen ableiten.

Unterrichtsstörungen: pädagogisch-therapeutische Aspekte

Auch Unterrichtsstörungen lassen sich nach der Themenzentrierten Interaktion als eine Dysbalance zwischen den vier Gruppenfaktoren beschreiben und ihre Genese kann – analog zu der oben zitierten allgemeinen Beschreibung von Rubner (1992) – auf unterschiedliche verursachende Bedingungen zurückgeführt werden.

Der didaktische Umgang mit Störungen im Schulunterricht wird von Reiser (1995c; d) weiter ausgearbeitet. Durch die bereits erwähnte Erweiterung der didaktischen Analyse durch die drei Unterrichtssegmente (»Mein Kernanliegen«, »Beziehungsanalyse« und »psychodynamische Analyse«; siehe: Das Vier-Faktoren-Modell der Unterrichtsanalyse) werden die Wechselwirkungen und gegenseitige Bedingtheit von innerpsychischen Motivlagen einerseits sowie interpersonaler Kommunikation andererseits in den Fokus der Aufmerksamkeit gelenkt. Unbewusste Motivbildung steuert das Verhalten des Einzel-

4.2 Pädagogisches Handeln als Inklusionshilfe *und* Exklusionsrisiko

nen wie auch in Gruppen. An sich »neutrale« Unterrichtsgegenstände können mit psychodynamischen Bedeutungen aufgeladen werden, die dann »sowohl für den einzelnen wie für die kollektive Phantasie der Gruppe« höchste Bedeutung erlangen können (Reiser 1995b, S. 137).

> »Fast jeder Unterrichtsstoff kann Assoziationen auslösen, die an unbewußte oder vorbewußte Themen anknüpfen, und in fast jedem Arbeitsprozeß können diese Themen unerkannt Einfluß gewinnen, indem sie sich als erwünschte oder unerwünschte emotionale Beteiligungen zeigen [...]« (ebd.).

Auch wenn diese Assoziationen für sich genommen nur ein geringes Konfliktpotential hervorrufen mögen, so kann es »in geeigneten Momenten dennoch die Klasse mit- und fortreißen, und dies umso heftiger, je mehr die Assoziationen aus der schulischen Kommunikation verbannt werden sollen« (Reiser 1995b, S. 138).

Durch die Bearbeitung von Texten oder beim freien Schreiben können im Unterricht unbewusste Dynamiken hervorgerufen werden. Nicht nur Volksmärchen enthalten »in hohem Ausmaß Bilder und Symbole [...], die aus dem Unbewußten kommen und Unbewußtes mobilisieren« (Reiser 1995b, S. 138) – die psychodynamischen Märcheninterpretationen von Bruno Bettelheim (1977) legen hiervon eindrucksvoll Zeugnis ab; Salmon und Dover (2011) geben einige Einblicke, welche Bedeutung der Arbeit mit Märchen in der Kinderanalyse zukommt – auch »Sachthemen« bieten in dieser Hinsicht viel Projektionsfläche (vgl. die zahlreichen Beispiele bei Reiser 1995b, S. 138 f.).

Didaktisch hoch relevant werden diese Prozesse, wenn sich die Psychodynamik im Unterricht in Form »unbewusste[r] Interaktionsthemen« (Reiser 1995d) entfaltet.

> »Psychodynamische Ladungen von Unterrichtsstoffen werden immer dann besonders wirksam, wenn sie in die Beziehung der Person hineinspielen oder in diese projiziert werden« (Reiser 1995b, S. 139).

Unbewusste Interaktionsthemen im didaktischen Handeln berücksichtigen zu wollen bedeutet für die Lehrkraft immer eine »Gratwanderung zwischen Überbetonen und Übersehen von Interaktionsthemen« (Reiser 1995d, S. 192). Für die Wanderung auf diesem Grat werden einige Orientierungshilfen geboten, die durchaus den Stellenwert von Techniken einnehmen: »die Beruhigung kollektiver Ängste durch Realität« und »die Verfremdung des Exemplums« sowie »Arbeit mit doppeltem Boden« (Reiser 1995d, Seite 195 ff.).

Diese drei Techniken ermöglichen eine indirekte Thematisierung psychodynamischer Verstrickungen im Unterricht, während das offene Eingehen auf die zugrunde liegenden Übertragungs- und Gegenübertragungsdynamiken der Arbeit in einem therapeutischen Setting vorbehalten ist (zu dem dann aber auch ein konfliktverarbeitender Sonderunterricht als Teil eines therapeutischen Milieus gehören kann; vgl. Reiser 1975; Baulig 1982).

Die Anerkennung und Würdigung der emotionalen Innenwelt(en) in ihrer Bedeutung für das Lernen verändert das didaktische Verständnis schulischer Lernprozesse – und mit diesem verschiebt sich zugleich der Störungsbegriff von einer individualisierenden zu einer interaktionistischen Sichtweise. Diese fokussiert auf die

> »[...] Interaktionen, die in den pädagogischen Situationen der Grundschule stattfinden und in denen sich Lern- und Verhaltensstörungen zeigen. Als gestört betrachten wir die Interaktionen selbst, womit vermieden wird, daß die Störungsursache voreilig in einen Faktor oder in eine Person verlegt wird« (Reiser et al. 1984, S. 280).

Das soziale Interaktionsgeschehen kann somit nicht losgelöst von seiner Verstrickung in das dynamische Wechselspiel zwischen der inneren Beteiligung und dem Handeln der Subjekte erschlossen werden.

Zugleich wird mit dem psychodynamischen Theorem die Wechselseitigkeit dieser Prozesse auch mit Blick auf die Lehrkraft betont, die als ganze Personen involviert ist.

> »Wir gehen davon aus, daß die Verhaltensweisen der ›störenden‹ Kinder auch ihre Entsprechungen in der Psyche der erziehenden Erwachsenen haben, sei es, daß sich beide Reaktionen gegenseitig bedingen, sei es, daß beim Erwachsenen kindliche Reaktionen reaktualisiert werden oder Gegenreaktionen mobilisiert werden« (Reiser et al. 1984, S. 289).

Die sich hieraus einstellenden emotionalen Verwicklungen lassen sich auf der Interaktionsebene als Störungen in der pädagogischen Beziehungsgestaltung betrachten. Dabei erschließen sich die Hintergründe und Motivlagen für das Handeln der beteiligten Subjekte oftmals nicht durch die bloße Außenwahrnehmung des Verhaltens. Der subjektive Sinn, der sich hierhinter verbirgt, bedarf einer sinnhaften Deutung, die aus psychodynamischer Sicht nur introspektiv gelingen kann (Willmann 2015a). Aus diesem Blickwinkel heraus erfordert »Verstehen« etwas anderes als eine »Behavioral Literacy« (Schmitz & Wittrock 2010), die – wie andere sozial-kognitive Kompetenzen – einfach antrainiert werden kann. Die pädagogische Absicht, das kindliche Verhalten zu begreifen, beginnt mit dem Versuch, sein eigenes Verhalten, sich selbst zu begreifen. Mit Bernfeld (1973, S. 141) auf den Punkt gebracht: »Der Erzieher steht vor zwei Kindern: dem zu erziehenden vor ihm und dem verdrängten in ihm.«

Mit diesem Anspruch wird der Erziehungs- und Bildungsauftrag radikal reformuliert, denn das »Nicht-Verstehen-Können als erste Verstehensleistung« wird so zum Ausgangspunkt aller Pädagogik (Reiser 1995c, S. 177):

»Die Nicht-Leistung, die Störung unseres Verstehens, verteidigt den Sinn unserer erzieherischen Tätigkeit. Sie formuliert in der Form des Protestes gegen das scheinbar Offensichtlich[e] den Anspruch, der für uns unverzichtbar ist: daß wir Kinder ansprechen als Menschen, die für sich selbst entscheiden sollen« (ebd.).

4.3 Pädagogische Professionalisierung

Das im vorangegangenen Abschnitt vorgestellte didaktische Modell bietet keine technische Anleitung für den Unterricht in Tradition der »Unterrichtsrezepte« (z. B. Grell & Grell 2013) oder anderer Unterrichts-»Technologien« (Hattie 2015; Meyer 2019). Die Nicht-*Technologisierbarkeit* von Erziehung und Bildung verweist auf einen erhöhten

Reflexionsbedarf in der Pädagogik und Didaktik, dem durch eine Professionalisierung der pädagogischen Fachkräfte entsprochen werden kann.

Allerdings wird die gegenwärtig drängendere Forderung nach einer »Professionalisierung für die Inklusion« nicht selten auf rein kompetenzspezifische Aspekte reduziert (exemplarisch: Hillenbrand, Melzer & Hagen 2013). Dabei wird weitestgehend ignoriert, dass Professionalisierung im Kontext schulischer Inklusion – wie pädagogische Professionalisierung überhaupt – nicht bloß auf die Frage der Aneignung besonderer Erziehungsmethoden oder didaktischer Konzepte bezogen ist und es also weniger um spezifische methodische Kompetenzen geht, deren »Anwendung« zur »Umsetzung« von Inklusion beitragen oder als deren Garanten zu betrachten sind.

Vielmehr verweist die Strukturlogik des Pädagogischen selbst – und mit ihr die Frage nach der pädagogischen Professionalisierung im Kontext des inklusiven Erziehungs- und Bildungsauftrags – zwingend auf die Notwendigkeit einer reflexiven Bearbeitung der immanenten Widersprüche und Antinomien des pädagogischen Handelns. Die erzieherischen, didaktischen und förderpädagogischen Praktiken sind daraufhin zu befragen, inwieweit sie integrative Bildungsprozesse ermöglichen und Inklusion fördern – oder auch beeinträchtigen und verhindern. Antworten auf diese Fragen liegen aber nicht allein in den Konzepten, Ansätzen und Programmlinien begründet. Sie ergeben sich vor allem aus der konkreten Einzelsituation: inwiefern Didaktik und sonderpädagogische Förderung schulische Inklusion und integrative Prozesse in Erziehung und Bildung ermöglichen oder verhindern, ob sie als Inklusionshilfe wirksam werden können oder aber ein Exklusionsrisiko darstellen, entscheidet sich ganz wesentlich im Einzelfall, also auf der Ebene individueller Aneignungsprozesse und ihrer Rückbindungen an die Lerngruppen. Die Reflexion der Strukturbedingungen pädagogischer Praktiken wird somit zu einem untrennbaren Teil pädagogischer Professionalität (Combe & Helsper 1996) und pädagogisches Fallverstehen (▶ Kap. 4.3.2) zu einer ihrer zentralen Merkmale (Hummrich et al. 2016).

4.3.1 Pädagogik als Handeln in Ungewissheit

Die bereits diskutierte Vagheit des Erziehungsbegriffs (▶ Kap. 1.4) ist ein allgemeiner Ausdruck für das konstitutive Wesensmerkmal des Pädagogischen. Alle Rede von *der* Erziehung und *der* Bildung sind reine Metaphorik, denn »es gibt keine unmittelbare, sinnliche Evidenz von Erziehung« (Winkler 2006, S. 48) und in der Folge auch keine Empirie des Pädagogischen. Von daher ist bereits die Idee einer technologischen Anleitung von Erziehungs- und Bildungsprozessen widersinnig. Pädagogisches Handeln entzieht sich einer intentionalen Steuerung, die ein eindeutiges Wissen um Kausalitäten voraussetzen würde. Das Nicht-Wissen-Können erzwingt eine Öffnung aller Pädagogik für die Ungewissheit:

> »Mit der Öffnung für die Ungewissheit nähert sich das pädagogische Denken dem Kern des Pädagogischen und dem Kern der pädagogischen Professionalisierung, denn das eigentlich Pädagogische entzieht sich dem Wissen« (Wimmer 1996, S. 425).

Als Profession steht hier die Pädagogik allerdings vor der besonderen Herausforderung, über keine allgemeinen Regeln zu verfügen, die eine einfache Übersetzung von abstraktem professionstheoretischen Wissen auf die konkrete lebensweltliche Situation ihrer Klient*innen (Kinder, Jugendliche und deren Eltern) ermöglichen würde (vgl. dazu auch Reiser 1998, S. 52).

Dies gilt entsprechend auch für die Didaktik (Gruschka 2002). Der Übergang vom Nichtwissen zum Wissen, der mit Didaktik ja angestrebt wird, müsste technologisch so gesteuert werden können, dass genau gewusst wird, was im Subjekt beim Lernen vorgeht. Alle (empirische) Forschung bleibt allerdings den Nachweis schuldig, welche Methode welchen Erfolg mit welchem Ergebnis zeigt. Und: im schulischen Alltag wird oft ausgeblendet, dass sich schulische Leistungsbewertungen nicht auf den tatsächlichen Lernerfolg beziehen, sondern auf die gezeigten Schulleistungen. Dieser Logik folgend wird es zugleich systematisch versäumt, ausbleibende Lernleistungen auch als eine Aufgabe für die methodisch-didaktische Vermittlung zu betrachten, die so zu verfeinern ist, dass auch diejenigen erreicht werden können, die bislang nicht zum Verstehen angeleitet wurden. Allerdings sind sowohl der Erfolg wie auch die gezeigten Leistungen schulischer Lernprozesse eben gerade nicht allein vom Handeln und Bemühen der einzelnen Lehrperson abhängig:

> »Zwischen Lehrerarbeit und Schülerlernen besteht also keine eindeutige Kausalbeziehung, was für den Einzelnen zum einen dessen eingeschränkte Einflussmöglichkeit deutlich macht und zum anderen auch Unsicherheit über die individuelle Lehrleistung und die Effekte des eigenen Tuns bedeutet« (Rothland & Terhart 2007, S. 15).

Die Funktion der Lehrkräfte im Unterricht liegt daher nicht in der gezielten Steuerung und Anleitung von Lernprozessen, sondern in einer Begleitungs- und Vermittlungsfunktion. Lehren zielt auf das Bemühen,

> »der Entstehung des Verstehens in seiner möglichen Vielfalt aufmerksam zu folgen, sensibel zu sein dafür, wie und wo Schüler auf dem Wege zur Schrift und Zahl, zur fremden Sprache, zur Physik, zu der Chemie der Stoffe, der Einsicht in Geschichtsprozesse usf. sind« (Gruschka 2014, S. 54).

In diesem Auftrag der *Lernbegleitung* – Carl Rogers (1974, S. 105) hat das entsprechende Bild von der Förderung und (Unter)Stützung des schulischen Lernens (»facilitation of learning«) geprägt – wird auch die instruktive Wortbedeutung von Begriffen wie »Lehren« und »Unterrichten« fragwürdig.

Im Übertrag auf die speziellen Herausforderungen, die sich vor dem Hintergrund des inklusiven Erziehungs- und Bildungsauftrags stellen, ergibt sich auch und gerade für den gemeinsamen Unterricht in der konkreten Auseinandersetzung mit den Unterrichtsinhalten die Notwendigkeit des Methodisierens, nicht der Reduktion. Einige didaktische Fragen lassen sich hier beispielhaft in Anlehnung an Gruscka (2014) formulieren:

- *Welche Bildungsaufgabe wirft ein Objekt auf?*
- *Unter welchen Bedingungen kann das Subjekt (kognitiv und affektiv) das Objekt assimilieren (als Modell verinnerlichen) oder im*

Prozess der Aneignung verändern oder gar die Aneignung verweigern?
- *Wie können die Lernenden in differenzierter Form sich mit ihren Bildungsinteressen auf das Objekt beziehen?*
- *Wie vermittelt der Lehrer?*
- *Wie eignet sich der Schüler etwas an?*
- *Wie wird aus einer Sache ein Objekt der Didaktik und daraus folgend Vermittlung im Unterricht?*
- *Hilft Didaktik beim Objekt anzukommen, es sich anzueignen?*

Da diese Fragen nur individuell und nicht universal beantwortbar sind, entsteht die Notwendigkeit, Pädagogik als Kasuistik zu betreiben (Binneberg 1985; Wernet 2006; Rhein 2016). Das gilt ausdrücklich auch für die Sonderpädagogik.

4.3.2 Sonderpädagogisches Fallverstehen und Arbeitsbündnis

Vor dem Hintergrund einer pädagogischen Kasuistik lassen sich auch sonderpädagogische Unterstützungsmaßnahmen als fallbezogene Hilfen betrachten. Analog zur Tradition in der Sozialen Arbeit und Sozialpädagogik – beide Fachgebiete bearbeiten ähnlich wie die Sonderpädagogik stellvertretend für die Pädagogik krisenhafte Situationen als »spezielle« Fälle der Erziehung und Bildung – kommt dem professionellen Fallverstehen hier eine besondere Bedeutung zu (vgl. Braun et al. 2011; Müller 2017).

Der Fall markiert den Ausgangspunkt für die professionelle Handlungspraxis, er besitzt allerdings keine ontische Qualität; der Fall konstituiert sich als Produkt einer aktiven Konstruktionsleistung der beteiligten Akteure:

> »Ein ›Fall‹ entsteht als ein solcher erst dann, wenn eine Profession sich auf eine solche soziale Einheit handelnd richtet. Das scheint banal, wird aber gerade in der sozialen Arbeit häufig nicht bedacht. Der Fall scheint gegeben. Hier wie in allen anderen Professionen gilt es aber zu berücksichtigen, dass ein

›Fall‹ erst aus der Interaktion von Professionellen, Instanzen bzw. Sozialarbeitern und Adressaten entsteht« (Gildemeister & Robert 1997, S. 32).

Professionslogisch betrachtet gilt analog für die Fallkonstruktionsleistungen in der Sozial- und Sonderpädagogik eine Fall-im-Fall-Struktur:

> »Als subsidiäre Instanz übernimmt sonderpädagogisches Handeln die Gewähr für die Verortung der Rekonstruktion des Falls der allgemeinen Pädagogik. Konstitutiv für das sonderpädagogische Setting ist in dieser Konzeption somit ein Fall im Fall [...]« (Dlugosch 2004, S. 295).

Im schulischen Kontext weist der Fall der sonderpädagogischen Förderung meist eine triadische Struktur auf, bei der sich im Vergleich etwa zur sozialpädagogischen Fallkonstruktion der Klientenbegriff verschiebt, denn die Adressaten der sonderpädagogischen Hilfen sind in der Regel nicht die Anfragenden selbst. Eine sonderpädagogische Unterstützung wird zumeist durch Lehrkräfte angefragt, quasi »stellvertretend« für die eigenen »Klienten« (Schüler*innen) und mit dem impliziten oder expliziten Auftrag, den »besonderen« (sonderpädagogischen) Förderbedarf zu überprüfen (vgl. dazu Willmann 2008).

Mit diesem traditionellen Überweisungsmodell einher geht mehr oder weniger verdeckt eine Delegation der besonderen »Förderfälle« an die sonderpädagogische »Reparaturwerkstatt« (Reiser 1997, S. 266). Der Überweisungsauftrag an die Sonderpädagogik ist vor dem Hintergrund des inklusiven Erziehungs- und Bildungsauftrags zu hinterfragen. Die Klärung der Auftragslage (welche Erwartungshaltung ist in dem konkreten Fall mit der Anfrage an die Sonderpädagogik verbunden?) ist Teil der Fallinterpretation, auf deren Grundlage auch das Arbeitsbündnis für die sonderpädagogische Unterstützungsarbeit mit den anfragenden Lehrkräften (und ggf. weiteren Personen) auszuhandeln ist.

Die von Burkhard Müller (2017 – erstmals: 1993) ursprünglich im Kontext der Sozialen Arbeit und Sozialpädagogik entwickelte Fall-Matrix bietet sich an, um die konkrete Fallarbeit im Kontext sonderpädagogischer Förderung zu reflektieren. Der sonderpädagogische Fall lässt sich demnach in drei Dimensionen abbilden: in seiner

4.3 Pädagogische Professionalisierung

Sachdimension (»*Fall von...*«), in der Frage nach den formalen Zuständigkeiten und den notwendigen professionellen Kompetenzen (»*Fall für...*«) sowie in seiner Beziehungsdimension (»*Fall mit...*«). Die verschiedenen Dimensionen der Fallarbeit erfordern einen Rückgriff auf unterschiedliche professionelle Wissensbestände. Die erstgenannte Dimension verweist auf die Notwendigkeit, das »Expertenwissen« der Profession in Anwendung auf den konkreten Fall zu bringen. In der zweiten Dimension wird das »Verweisungswissen« bedeutungsvoll und mit der dritten Dimension ist schließlich die eigentliche »Beziehungsseite« (Müller 1995, S. 699) der Fallarbeit gemeint, die neben dem Fachwissen über Beziehungsarbeit vor allem kommunikative Fähigkeiten abverlangt.

Mit dem Konzept von Sonderpädagogik als Fallarbeit und Fallverstehen wird das traditionelle Verständnis einer auf das Kind zentrierten sonderpädagogischen Förderarbeit erweitert um die Dimension der indirekten, auf das Umfeld des Kindes fokussierende Unterstützungsmaßnahmen. Nicht der Blick auf die Störung »im Kind« leitet den diagnostischen Blick; an die Stelle einer individuumszentrierten und defizitorientierten Sichtweise tritt die Fallinterpretation. Sonderpädagogisches Fallverstehen eröffnet einen »kasuistischen Raum« (Hörster 2018) und wird so zum zentralen Baustein der diagnostischen Reflexion (Willmann 2015b; c). Dabei verweist die sonderpädagogische Fallkonstruktion auf die Notwendigkeit, ein Arbeitsbündnis zu installieren (Bärmig 2015).

Unter den Zwangsbedingungen der gesetzlichen Schulpflicht lassen sich allerdings nur schwerlich pädagogische Arbeitsbündnisse schließen (Oevermann 2003) – und gleiches gilt analog auch für die traditionelle Arbeitsweise der Sonderpädagogik als »personalisierte additive Service-Leistung« (Reiser 1998, S. 50), die gerade *keinen* kasuistischen Raum zur gemeinsamen Bearbeitung sonderpädagogischer Fragestellungen bereitstellt, sondern die sich vielmehr darauf gründet, dass diese Fragestellungen in den alleinigen Zuständigkeitsbereich der Sonderpädagogik delegiert werden (▶ Kap. 4.3.3).

Für die Soziale Arbeit und Sozialpädagogik hat Burkard Müller (1991; 2017) herausgestellt, welche Bedeutung dem Arbeitsbündnis zukommt im Sinne der Möglichkeit zur »reflektierten Selbstbegrenzung der Intervention«. So können sich die Professionellen »ohne Rosinen im Kopf und Blei in den Füßen das tun« (Müller 1991, S. 13), was möglich und nötig ist. Besonders betont wird hierbei das Verhältnis des Sachbezuges und des zwischenmenschlichen Verhältnisses, in die dieser Sachbezug eingebettet ist (S. 43). Denn es findet ein Eingriff in Lebensverhältnisse statt, der innerhalb einer Organisation ermöglicht werden soll.

Im Arbeitsbündnis gründet sich also der Auftrag, der mit den Adressat*innen (Klient*innen; Kund*innen) der professionellen Dienstleistung auszuhandeln ist. Die professionelle Aufgabe besteht nun darin, sich in diesem Zusammenhang mit unterschiedlichen Formen von Professionalität auseinander zu setzen, die Müller (2017) nach der jeweiligen beruflichen Haltung in drei Typen (»geschlossen« – »autistisch« – »offen«) unterscheidet:

(1) Im *geschlossenen Typus* »wird eine bestimmte Betrachtungsweise kultiviert und mit methodischen Instrumentarien versehen, die zugleich als Ausblendfilter für andere Sichtweisen funktioniert« (S. 196 f.). Das Problematische daran ist die Tendenz, das erworbene vor allem theoretische Wissen als besonders gültig gegenüber den praktischen Erfahrungen und Erkenntnissen zu betrachten, so als könnte die »reine« Anwendung der Wissenschaft alle Probleme lösen. Die Folge ist, dass man alles weiß, aber nicht mehr einordnen kann, ob dies auch gut ist, wie dies angewendet werden soll. »Probleme im Arbeitsfeld werden dann von vornherein aus der Sicht irgendeiner Methode (oft vage als verhaltenstherapeutische zu bezeichnen) vordefiniert, mit entsprechend beschränktem Blick« (Müller 2017, S. 197). Dies lässt sich auch auf bürokratisches Handeln beziehen.

(2) Der *autistische Professionalitätstypus* »nimmt die jeweils existierenden Praktiken eines Berufsfeldes zum Maß aller Dinge, wehrt jede Kritik als vom ›grünen Tisch‹ kommend, als nicht praktikabel, als überfordernd, zu zeitaufwendig etc. ab. Umgekehrt wird dann jedes Misslingen zum Beweis für die ganz besonders großen fachlichen Anforderungen und die extrem schwierigen Klienten. Dass es bessere und schlechtere Praxis geben kann, wird systematisch verdrängt«

(Müller 2017, S. 199). »Autistisch« nennt Müller diese Haltung – explizit in polemischer Absicht und in direkter Anlehnung an Bettelheims Charakterisierung von Autismus – deshalb, weil diese Form der Professionalität einer »leeren Festung« gleicht: »Denn eine solche Professionalität hat keinen Inhalt mehr. Sie verteidigt nur das Recht, keinen Maßstäben genügen zu müssen und keine Rechenschaft für ihr Handeln schuldig zu sein« (ebd.).

(3) Eine multiperspektivische Sichtweise charakterisiert hingegen den *offenen Typus*, der einen Spagat wagt zwischen den Einengungen des geschlossenen Typs und der Gefahr, von allem ein bisschen anzuwenden. Als Teil von Ausbildung und Studium gilt es hier, eine professionelle Haltung zu vermitteln, die charakterisiert ist durch

- die Fähigkeit zum Perspektivenwechsel zwischen unterschiedlichen Arten von Wissen;
- das Wissen um professionsspezifische Arbeitsregeln, die – neben dem wissenschaftlichen »Spezialwissen« – es ermöglichen, sich das je nach Situation und Fall notwendige Handlungswissen selbst zu erschließen;
- die Kompetenz, die je spezifischen Bedingungen eines Handlungsfeldes gesondert erkennen und berücksichtigen zu können sowie
- eine Zieloffenheit, um – begründet auf der professionseigenen Wertgrundlage – gemeinsam mit den Klient*innen einen gangbaren Weg auszuhandeln (Müller 2017, S. 199 f.).

Eine sich hierauf gründende Methodenlehre kann allerdings weder verzichten auf die »praktische Erfahrung noch die in einem wissenschaftlichen Studium vermittelbare Theorie und Empirie des Gegenstandes« (Müller 2017, S. 201). Ihr obliegt die Aufgabe, zwischen diesen beiden unterschiedlichen Erkenntniswegen zu vermitteln und die jeweiligen Perspektiven füreinander zu übersetzen, »um so das ›sich Einigen‹ zwischen praktischer Erfahrung und theoretischem Wissen zu erleichtern« (ebd.).

4.3.3 Sonderpädagogik als »inklusionsorientierte« Serviceleistung

Das schwierige Verhältnis zwischen der Allgemeinen Pädagogik und der Sonderpädagogik zeigt sich in der Delegation der Verantwortung und Zuständigkeit für bestimmte krisenhafte Situationen (allerdings operationalisiert als individualisierte »kritische Fälle der Erziehung«, also in der Semantik von »Problemfällen« und »Problemkindern«) in Erziehungs- und Bildungsprozessen. Die Sonderpädagogik übernimmt stellvertretend für die Pädagogik die »implizite therapeutische Funktion« der professionellen pädagogischen Handlungspraxis (Oevermann 1996, S. 146 ff.).

Hiermit gehen erhebliche Exklusionsrisiken einher, denn mit der Fokussierung auf eine personalisierte Dienstleistung im Rahmen von exklusiven sonderpädagogischen Maßnahmen werden die »Problemfälle« regelhaft überwiesen, womit zugleich die bestehende Arbeitsteilung (Erziehung und Bildung als Aufgabe der Allgemeinen Schulpädagogik und Didaktik versus Therapie und »Heilung« durch die Sonderpädagogik) immer wieder reproduziert wird. Inklusionschancen stellen sich vor allem bei einer systembezogenen Sichtweise ein, die sich darauf gründet, den pädagogischen Auftrag und die therapeutischen Notwendigkeiten gemeinsam anzugehen.

Helmut Reiser (1998) hat diesen Aspekt mit dem Begriff der *sonderpädagogischen Serviceleistung* beschrieben und damit einen wichtigen Hinweis auch für die aktuelle Situation gegeben. Die Sonderpädagogik hat einen anerkannten »Expertenstatus« (S. 47) errungen, gekennzeichnet durch eigene Institutionen, durch eine eigene akademische Ausbildung und eine relative Autonomie der Berufsausübung. Sie hat dadurch eine von der »Normalpädagogik« abgespaltene »therapeutische Dimension« monopolisiert. Die Sonderpädagogik selbst hat dabei eine Stellvertreterposition eingenommen, aus der heraus häufig eine patriarchale Deutungshoheit für die »richtigen« Maßnahmen abgeleitet worden ist. Der Perspektive der Betroffenen (Schüler*innen und Eltern) wurden hierbei kaum Beachtung geschenkt und die »Fördertechniken« wurden als alleiniger Besitzstand der Profession verwaltet. Darin verborgen ist die Tendenz ein »gesellschaftliches Problem zum Verschwinden zu bringen«, nämlich die durch Bildungsprozesse in der »Normalpädagogik« produzierten »Versager«. Die Analyse führt Reiser (1998, S. 50) zu einem entsprechend harten Urteil:

> »Die Sonderpädagogik organisierte ein gesellschaftliches Tabu. In diesem Kontext von Randständigkeit wurden ihr Expertenstatus, höherwertige Ausbildung und relative Autonomie eingeräumt. Sie unterlag der Gefahr, die Stellvertretung der ihr zugewiesenen Personen expertokratisch misszuverstehen, statt Arbeitsbündnisse mit den Betroffenen einzugehen. Das Ergebnis war eine Pseudo-Professionalisierung.«

Ein Ausweg aus dem Dilemma sieht Reiser (1998, S. 51) in der Entwicklung einer »institutionell-systemische[n] Serviceleistung«, durch die eine personalisierte Serviceleistung obsolet würde. Eine der Grundbedingungen hierfür ist, dass »jede sonderpädagogische Tätigkeit, auch wenn sie auf die Förderung eines einzelnen Kindes gerichtet ist, bezogen sein muß auf das Umwelt-System, das die Schule für dieses Kind darstellt, und im weiteren Sinne auf das Schulsystem, in dem die konkrete Schule angesiedelt ist« (ebd.).

Sonderpädagogik wird in diesem System zu einer »Expertin für die Moderierung des Prozesses, die best mögliche Förderung herauszufinden und zu arrangieren« (S. 55). Und das ohne eine bereits feststehende ideologische Ausrichtung als Inklusion. Sonderpädagogische Förderung kann – im Einzelfall – auch in exklusiven Systemstrukturen stattfinden.

4.3.4 Professionalisierung für die Inklusion: reflexive Sonderpädagogik

Die Bearbeitung der Dialektik von Inklusionshilfe und Exklusionsrisiko, die allen sonderpädagogischen Interventionen eingeschrieben ist, erfordert eine »reflexive Professionalität«, nach der

> »die Logik professionellen Handelns nicht in der ›Vermittlung‹, sondern in der systematischen Relationierung von Urteilsformen besteht. Konstitutiv für die Handlungslogik des professionellen Praktikers ist es, sich gleichzeitig auf beide Urteilsformen (reflexives Wissenschaftsverständnis und situative/sozialkontextbezogene Angemessenheit) zu verpflichten, ohne dabei eine Form zu präferieren, nicht aber das Zusammenzwingen zweier Wissenskomponenten unter einem Einheitspostulat« (Dewe 2009, S. 55 f.).

In diesem Sinne kann mit Budde und Hummrich (2013) von »reflexiver Inklusion« gesprochen werden, die sich als gemeinsamer Entwicklungsauftrag für alle Teilbereichspädagogiken stellt, wobei diesem Auftrag weniger über die Methodenfrage als vielmehr über die Veränderung der professionellen Haltungen entsprochen werden kann:

> »Um pädagogisches Handeln unter den Leitbegriff Inklusion zu stellen, wäre aus dieser Perspektive weniger für eine reine Ausweitung des methodisch-didaktischen Spektrums zu plädieren, sondern vielmehr für einen Wandel in den professionellen Orientierungen von Lehrpersonen, denen bei der Umsetzung von Inklusion eine hohe Bedeutung zukommt« (Budde & Hummrich 2013, ohne Seitenangabe).

Der Grundstein aber für die pädagogische Professionalisierung unter besonderer Berücksichtigung des inklusiven Erziehungs- und Bildungsauftrags wird mit der noch ausstehenden Reform der Lehrerbildung gelegt. Auch und gerade in dieser Hinsicht ist das tradierte System der Lehrerbildung in Deutschland in seiner überkommenen Orientierung an unterschiedlichen Schulformen dringend reformbedürftig.

Schulische Inklusion beginnt nicht zuletzt mit der Überwindung der »Apartheid« unterschiedlicher Anpassungspädagogiken und -didaktiken für die »Normalen« auf der einen Seite und diejenigen, die es erst noch werden sollen, auf der anderen Seite.

Literatur

Ackermann, Karl-Ernst (2017). Zum Umgang mit Widersprüchen in der sonderpädagogischen Diskussion um Inklusion. In: Magdalena Gercke, Saskia Opalinski & Tim Thonagel (Hrsg.), *Inklusive Bildung und gesellschaftliche Exklusion. Zusammenhänge – Widersprüche – Konsequenzen* (S. 229–246). Wiesbaden: Springer VS.

Ahrbeck, Bernd (2014). *Inklusion: eine Kritik.* Stuttgart: Kohlhammer.

Aichele, Valentin (2019). Eine Dekade UN-Behindertenrechts-Konvention in Deutschland. *Aus Politik und Zeitgeschichte, 69* (6–7), 4–10.

Amrhein, Bettina & Dziak-Mahler, Myrle (Hrsg.) (2014). *Auf der Suche nach didaktischen Leitlinien für den Umgang mit Vielfalt in der Schule.* Münster; New York: Waxmann.

Angerhoefer, Ute (1997). Sonderpädagogik – gelungene Transformation? In: Adolf Kell & Jan-Hendrik Olbertz (Hrsg.), *Vom Wünschbaren zum Machbaren. Erziehungswissenschaft in den neuen Bundesländern* (S. 224–245). Weinheim: Deutscher Studien-Verlag.

Bach, Heinz (1983). Pädagogische Förderung Behinderter. Zwischenbericht über ein Schwerpunktprogramm der Deutschen Forschungsgemeinschaft 1978–1982. *Zeitschrift für Heilpädagogik, 34* (1), 19–26.

Balz, Hans-Jürgen; Benz, Benjamin & Kuhlmann, Carola (Hrsg.) (2012). *Soziale Inklusion. Grundlagen, Strategien und Projekte in der sozialen Arbeit.* Wiesbaden: Springer VS.

Bärmig, Sven (2015). Das Arbeitsbündnis als Element sonderpädagogischer Professionalität. In: Hubertus Redlich, Lea Schäfer, Grit Wachtel, Katja Zehbe & Vera Moser (Hrsg.), *Veränderung und Beständigkeit in Zeit der Inklusion. Perspektiven Sonderpädagogischer Professionalisierung* (S. 76–88). Bad Heilbrunn: Klinkhardt.

Baulig, Volkmar (1982). *Auffälliges Schülerverhalten. Pädagogische Maßnahmen ausagierendes Verhalten.* Weinheim; Basel: Beltz.

Becker, Rolf & Lauterbach, Wolfgang (Hrsg.) (2016). *Bildung als Privileg? Erklärungen und Befunde zu den Ursachen der Bildungsungleichheit* (5. Aufl.). Wiesbaden: Springer VS.

Begemann, Ernst (2002). Theoretische und institutionelle Behinderungen der Integration und der »inclusion«. In: Hans Eberwein & Sabine Knauer (Hrsg.),

Integrationspädagogik. Kinder mit und ohne Beeinträchtigung lernen gemeinsam. Ein Handbuch (S. 126–139) (6. Aufl.). Weinheim; Basel: Beltz.

Benner, Dietrich (1980). Das Theorie-Praxis-Problem in der Erziehungswissenschaft und die Frage nach Prinzipien pädagogischen Denkens und Handelns. *Zeitschrift für Pädagogik, 26* (4), 485–497.

Bernfeld, Siegfried (1973). *Sisyphos oder die Grenzen der Erziehung.* Frankfurt am Main: Suhrkamp. [Erstauflage von 1925, erschienen in Wien: Internationaler Psychoanalytischer Verlag].

Bernhard, Armin (2015). Inklusion – Ein importiertes erziehungswissenschaftliches Zauberwort und seine Tücken. In: Sven Kluge, Andrea Liesner & Edgar Weiß (Hrsg.), *Inklusion als Ideologie. Jahrbuch für Pädagogik* (S. 109–119). Frankfurt am Main: Lang.

Bettelheim, Bruno (1977). *Kinder brauchen Märchen.* Stuttgart: Deutsche Verlags-Anstalt.

Binneberg, Karl (1985). Grundlagen der pädagogischen Kasuistik. Überlegungen zur Logik der kasuistischen Forschung. *Zeitschrift für Pädagogik, 31* (6), 773–788.

Bishton, Helen (2007). *Children's voice, children's rights. What children with special needs have to say about their variously inclusive schools. Research Report.* Nottingham: National College for School Leadership.

Biewer, Gottfried (2000). »Inclusive schools« – Die Erklärung von Salamanca und die internationale Integrationsdebatte. *Gemeinsam leben 8* (4), 152–155

Biewer, Gottfried (2017). *Grundlagen der Heilpädagogik und Inklusiven Pädagogik* (3. Aufl.). Bad Heilbrunn: Klinkhardt.

Biewer, Gottfried & Moser, Vera (2016). Geschichte bildungswissenschaftlicher Forschung zu Behinderungen. In: Tobias Buchner, Oliver Koenig & Saskia Schuppener (Hrsg.), *Inklusive Forschung. Gemeinsam mit Menschen mit Lernschwierigkeiten forschen* (S. 24–36). Bad Heilbrunn: Klinkhardt.

Blankertz, Herwig (1982). *Die Geschichte der Pädagogik. Von der Aufklärung bis zur Gegenwart.* Wetzlar: Büchse der Pandora.

Bleidick, Ulrich (1972). *Pädagogik der Behinderten. Grundzüge einer Theorie der Erziehung behinderter Kinder und Jugendlicher.* Berlin: Marhold.

Bleidick, Ulrich (2001). Behinderung. In: Georg Antor & Ulrich Bleidick (Hrsg.), *Handlexikon der Behindertenpädagogik. Schlüsselbegriffe aus Theorie und Praxis* (S. 59–60). Stuttgart: Kohlhammer.

Bleidick, Ulrich & Ellger-Rüttgardt, Sieglind (Hrsg.) (1994). *Behindertenpädagogik im vereinten Deutschland. Über die Schwierigkeiten eines Zwiegesprächs zwischen Ost und West.* Weinheim: Deutscher Studien-Verlag.

Bless, Gérard (2017). Integrationsforschung: Entwurf einer Wissenskarte. *Zeitschrift für Heilpädagogik, 68* (5), 216–227.

BLK, Bund-Länder-Kommission für Bildungsplanung und Forschungsförderung (1987). Aktuelle Berichterstattung der Bund-Länder-Kommission zum Förderungsbereich »Behinderte Kinder und Jugendliche.« *Zeitschrift für Heilpädagogik, 38* (2), 139-141.

Blömeke, Sigrid; Bohl, Thorsten; Haag, Ludwig; Lang-Wojtasik, Gregor & Sacher, Werner (Hrsg.) (2009). *Handbuch Schule. Theorie - Organisation - Entwicklung.* Bad Heilbrunn: Klinkhardt.

Boban, Ines (2000). It's not inlusion... - Der Traum von einer Schule für alle Kinder. In: Maren Hans & Antje Ginnold (Hrsg.), *Integration von Menschen mit Behinderung. Entwicklungen in Europa* (S. 238-247). Neuwied; Berlin: Luchterhand.

Boger, Mai-Anh (2015). Theorie der trilemmatischen Inklusion. In: Irmtraud Schnell (Hrsg.), *Herausforderung Inklusion - Theoriebildung und Praxis* (S. 51-62). Bad Heilbrunn: Klinkhardt.

Boger, Mai-Anh (2016). The Trilemma of Anti-Racism. In: Anum Dada & Shweta Kushal (Hrsg.). *Whiteness Interrogated* (S. 79-87). Oxford: Interdisciplinary Press.

Boger, Mai-Anh (2017). Theorien der Inklusion - eine Übersicht. *Zeitschrift für Inklusion, 11* (1), ohne Seitenangaben. Online veröffentlicht am 13.04.2017; verfügbar unter https://www.inklusion-online.net/index.php/inklusion-online/article/view/413.

Boger, Mai-Anh (2019). *Subjekte der Inklusion. Die Theorie der trilemmatischen Inklusion zum Mitfühlen.* Münster: edition assemblage.

Böhm, Winfried (2011). *Theorie und Praxis: eine Einführung in das pädagogische Grundproblem* (3. Aufl.). Würzburg: Königshausen & Neumann.

Böhnisch, Lothar (2019). *Soziale Theorie der Schule.* Bad Heilbrunn: Klinkhardt.

Böhnisch, Lothar & Lösch, Hans (1973). Das Handlungsverständnis des Sozialarbeiters und seine institutionelle Determination. In: Hans-Uwe Otto & Siegfried Schneider (Hrsg.), *Gesellschaftliche Perspektiven der Sozialarbeit, Band 2* (S. 21-40), Neuwied; Berlin: Luchterhand.

Booth, Tony & Ainscow, Mel (Hrsg.) (1998). *From Them to Us. An International Study of Inclusion in Education.* London; New York: Routledge.

Borchert, Johann & Schuck, Karl Dieter (1992). *Integration: Ja! - Aber wie? Ergebnisse aus Modellversuchen zur Förderung behinderter Kinder und Jugendlicher.* Hamburg: Hamburger Buchwerkstatt.

Bösl, Elsbeth; Klein, Anne & Waldschmidt, Anne (Hrsg.) (2014). *Disability History. Konstruktionen von Behinderung in der Geschichte. Eine Einführung.* Bielefeld: transcript.

Bosse, Ingo; Schluchter, Jan-René & Zorn, Isabel (Hrsg.) (2019). *Handbuch Inklusion und Medienbildung.* Weinheim; Basel: Beltz Juventa.

Literatur

Braun, Andrea; Graßhoff, Gunther & Schweppe, Cornelia (2011). *Sozialpädagogische Fallarbeit*. München: Reinhardt.

Breidenstein, Georg (2008). Allgemeine Didaktik und praxeologische Unterrichtsforschung. *Zeitschrift für Erziehungswissenschaft, 10* (Sonderheft 9), 201–215.

Bretländer, Bettina; Köttig, Michaela & Kunz, Thomas (Hrsg.) (2015). *Vielfalt und Differenz in der sozialen Arbeit: Perspektiven der Inklusion*. Stuttgart: Kohlhammer.

Brezinka, Wolfgang (1971). *Von der Pädagogik zur Erziehungswissenschaft: eine Einführung in die Metatheorie der Erziehung*. Weinheim: Beltz.

Brunkhorst, Hauke (1989). Sozialarbeit als Ordnungsmacht. In: Thomas Olk & Hans-Uwe Otto (Hrsg.), *Soziale Dienste im Wandel, Band 2: Entwürfe sozialpädagogischen Handelns* (S. 199–224). Neuwied; Frankfurt am Main: Luchterhand.

Budde, Jürgen (Hrsg.) (2013). *Unscharfe Einsätze: (Re-)Produktion von Heterogenität im schulischen Feld*. Wiesbaden: VS Sozialwissenschaften.

Budde, Jürgen (2015). Heterogenitätsorientierung. In: Jürgen Budde, Nina Blasse, Andrea Bossen & Georg Rißler (Hrsg.), *Heterogenitätsforschung. Empirische und theoretische Perspektiven* (S. 19–37). Weinheim: Beltz.

Budde, Jürgen & Hummrich, Merle (2013). Reflexive Inklusion. *Zeitschrift für Inklusion, 8* (4), ohne Seitenangaben. Online veröffentlicht am 21.01.2014; verfügbar unter unter http://www.inklusion-online.net/index.php/inklusion-online/article/view/193/199.

Budde, Jürgen & Hummrich, Merle (2015). Inklusion aus erziehungswissenschaftlicher Perspektive. In: *Erziehungswissenschaft. Mitteilungen der Deutschen Gesellschaft für Erziehungswissenschaft, 26* (51), 33–41.

Burzan, Nicole (2011). *Soziale Ungleichheit. Eine Einführung in die zentralen Theorien* (4. Aufl.). Wiesbaden: VS Sozialwissenschaften.

Burzan, Nicole (2014). Inklusion/Exklusion. In: Günter Endruweit, Giesela Trommsdorf & Nicole Burzan (Hrsg.), *Wörterbuch der Soziologie* (3. Aufl.) (S. 198–199). Konstanz: UVK.

Castel, Robert (2000). Die Fallstricke des Exklusionsbegriffs. *Mittelweg 36, 9 (3)*, 11–25.

Caviola, Hugo; Kyburz-Graber, Regula & Locher, Sibylle (2011). *Wege zum guten fächerübergreifenden Unterricht. Ein Handbuch für Lehrpersonen*. Bern: hep.

Cloerkes, Günther (2007). *Soziologie der Behinderten. Eine Einführung* (3. Aufl.). Heidelberg: Winter.

Chaiklin, Seth (2010). Die Zone der nächsten Entwicklung. In: Astrid Kaiser, Ditmar Sehmetz, Peter Wachtel & Birgit Werner (Hrsg.), *Bildung und Erziehung. Enzyklopädisches Handbuch der Behindertenpädagogik, Band 3* (S. 78–87). Stuttgart: Kohlhammer.

Clough, Peter & Corbett, Jenny (2000). *Theories of Inclusive Education. A Student's Guide*. London: Sage.

Cohn, Ruth C. (1975a). Zur Grundlage des themenzentriertren interaktionellen Systems: Axiome, Postulate, Hilfsregeln. In: Ruth C. Cohn, *Von der Psychoanalyse zur themenzentrierten Interaktion. Von der Behandlung einzelner zu einer Pädagogik für alle* (S. 120–128). Stuttgart: Klett.

Cohn, Ruth C. (1975b). Zur Humanisierung der Schulen: Vom Rivalitätsprinzip zum Kooperationsmodell mit Hilfe der Themenzentrierten Interaktion (TZI). In: Ruth C. Cohn, *Von der Psychoanalyse zur themenzentrierten Interaktion. Von der Behandlung einzelner zu einer Pädagogik für alle* (S. 152–175). Stuttgart: Klett.

Combe, Arno & Helsper, Werner (Hrsg.) (1996). *Pädagogische Professionalität. Untersuchungen zum Typus pädagogischen Handelns.* Frankfurt am Main: Suhrkamp.

Cowlan, Gabriele; Deppe-Wolfinger, Helga; Kreie, Gisela; Kron, Maria & Reiser, Helmut (1991). *Der Weg der Integration vom Kindergarten in die Schule – Zwischenbericht der wissenschaftlichen Begleitung von Klassen mit behinderten und nichtbehinderten Kindern an Schulen des Primarbereichs in Hessen.* Bonn: Reha-Verlag.

Cowlan, Gabriele; Deppe-Wolfinger, Helga; Kreie, Gisela; Kron, Maria & Reiser, Helmut (1994). *Integrative Grundschulklassen in Hessen. Abschlußbericht der wissenschaftlichen Begleitung.* Bonn: Reha-Verlag

Dammer, Karl-Heinz (2012). »Inklusion« und »Integration« – zum Verständnis zweier pädagogischer Zauberformeln. *Behindertenpädagogik, 51* (4), 352–380.

Dechow, Gundula; Reents, Konstanze & Tews-Vogler, Katja (2013). *Inklusion Schritt für Schritt. Chance für Schule und Unterricht.* Berlin: Cornelsen Scriptor.

Dederich, Markus (2017). Differenzlinie Behinderung. In: Kerstin Ziemen (Hrsg.), *Lexikon Inklusion* (S. 48–49). Göttingen: Vandenhoeck & Ruprecht.

Deppe-Wolfinger, Helga (1990). Zur Geschichte integrativer Klassen und Schulen. In: Helga Deppe-Wolfinger, Annedore Prengel & Helmut Reiser, *Integrative Pädagogik in der Grundschule Bilanz und Perspektiven der Integration behinderter Kinder in der Bundesrepublik Deutschland 1976-1988* (S. 11–26). München: DJI.

Deppe-Wolfinger, Helga (2002). Integration und Solidarität. In: Birgit Warzecha (Hrsg.), *Zur Relevanz des Dialogs in Erziehungswissenschaft, Behindertenpädagogik, Beratung und Therapie* (S. 39-57). Münster: LIT.

Deppe-Wolfinger, Helga; Prengel, Annedore & Reiser, Helmut (1990). *Integrative Pädagogik in der Grundschule. Bilanz und Perspektiven der Integration behinderter Kinder in der Bundesrepublik Deutschland 1976–1988.* München: DJI.

Deutsche Gesellschaft für Erziehungswissenschaft, DGfE (2015). Themenheft »Inklusion – Perspektive, Herausforderung und Problematisierung aus Sicht der Erziehungswissenschaft«. *Erziehungswissenschaft. Mitteilungen der Deutschen Gesellschaft für Erziehungswissenschaft, 26* (51).

Literatur

Deutscher Bildungsrat (1974). *Zur pädagogischen Förderung behinderter und von Behinderung bedrohter Kinder und Jugendlicher.* Verabschiedet auf der 34. Sitzung der Bildungskommission am 12/13. Oktober 1973. Stuttgart: Klett.

Deutsches PISA-Konsortium (Hrsg.) (2001). *PISA 2000. Basiskompetenzen von Schülerinnen und Schülern im internationalen Vergleich.* Opladen: Leske und Budrich.

Dewe, Bernd (2009). Reflexive Professionalität: Maßgabe für Wissenstransfer und Theorie-Praxis-Relationierung im Studium der Sozialarbeit. In: Anna Riegler, Sylvia Hojnik & Klaus Posch (Hrsg.), *Soziale Arbeit zwischen Profession und Wissenschaft* (S. 47–63). Wiesbaden: VS Sozialwissenschaften.

Dietze, Torsten (2013). Integration von Schülern mit sonderpädagogischem Förderbedarf in der Grundschule – zur Situation in den 16 Bundesländern. *Zeitschrift für Grundschulforschung, 6* (1), 34–44.

Dlugosch, Andrea (2004). Sonderpädagogisches Fallverstehen als Baustein pädagogischer Professionalität? *Sonderpädagogische Förderung, 49* (3), 285–300.

Drave, Wolfgang; Rumpler, Franz & Wachtel, Peter (2000). *Empfehlungen zur sonderpädagogischen Förderung. Allgemeine Grundlagen und Förderschwerpunkte (KMK) mit Kommentaren.* Würzburg: Edition Bentheim.

Eberwein, Hans (Hrsg.) (1988). *Behinderte und Nichtbehinderte lernen gemeinsam. Handbuch der Integrationspädagogik.* Weinheim: Beltz.

Eberwein, Hans (1995). Zur Kritik des sonderpädagogischen Paradigmas und des Behinderungsbegriffes. Rückwirkungen auf das Selbstverständnis von Sonder- und Integrationspädagogik. *Zeitschrift für Heilpädagogik, 46* (10), 468–476.

Eberwein, Hans (2018). Interview. In: Frank J. Müller (Hrsg.), *Blick zurück nach vorn – WegbereiterInnen der Inklusion* (S. 35–65). Gießen: Psychosozial.

Eberwein, Hans & Knauer, Sabine (Hrsg.) (2009). *Handbuch Integrationspädagogik. Kinder mit und ohne Beeinträchtigung lernen gemeinsam* (7. Aufl.). Weinheim; Basel: Beltz.

Emmerich, Marcus & Hormel, Ulrike (2013). *Heterogenität – Diversity – Intersektionalität. Zur Logik sozialer Unterscheidungen in pädagogischen Semantiken der Differenz.* Wiesbaden: Springer VS.

Epskamp, Heinz (1994). Integration. In: Werner Fuchs-Heinritz, Rüdiger Lautmann, Otthein Rammstedt & Hanns Wienold (Hrsg.), *Lexikon zur Soziologie* (3. Aufl.) (S. 303). Opladen: Westdeutscher Verlag.

Erzmann, Tobias (2003). *Konstitutive Elemente einer Allgemeinen (integrativen) Pädagogik und eines veränderten Verständnisses von Behinderung. Eine hermeneutische Arbeit zur Frage eines Paradigmen- oder Perspektivenwechsels durch den gemeinsamen Unterricht von behinderten und nichtbehinderten Kindern und Jugendlichen.* Frankfurt am Main: Lang.

Farzin, Sina (2006). *Inklusion/Exklusion. Entwicklungen und Probleme einer systemtheoretischen Unterscheidung.* Bielefeld: transcript.

Farzin, Sina (2015). Inklusion/Exklusion. In: Sina Farzin, & Stefan Jordan (Hrsg.), *Lexikon Soziologie und Sozialtheorie – hundert Grundbegriffe* (S. 121–123). Stuttgart: Reclam.

Faulstich-Wieland, Hannelore (Hrsg.) (2011). *Umgang mit Heterogenität und Differenz.* Baltmannsweiler: Schneider-Verlag Hohengehren.

Felten, Michael (2017). *Die Inklusionsfalle. Wie eine gut gemeinte Idee unser Bildungssystem ruiniert.* Gütersloh: Gütersloher Verlagshaus.

Fend, Helmut (1980). *Theorie der Schule.* München: Urban und Schwarzenberg.

Fend, Helmut (2006). *Neue Theorie der Schule: Einführung in das Verstehen von Bildungssystemen.* Wiesbaden: VS Sozialwissenschaften.

Feuser, Georg (1988). Aspekte einer integrativen Didaktik unter Berücksichtigung tätigkeitstheoretischer und entwicklungspsychologischer Erkenntnisse. In: Hans Eberwein (Hrsg.), *Behinderte und Nichtbehinderte lernen gemeinsam. Handbuch der Integrationspädagogik* (S. 170–179). Weinheim; Basel: Beltz.

Feuser, Georg (1989). Allgemeine integrative Pädagogik und entwicklungslogische Didaktik. *Behindertenpädagogik, 28* (1), 4–48.

Feuser, Georg (1995). *Behinderte Kinder und Jugendliche. Zwischen Integration und Aussonderung.* Darmstadt: Wissenschaftliche Buchgesellschaft.

Feuser, Georg (1996). Geistigbehinderte gibt es nicht! Projektionen und Artefakte in der Geistigbehindertenpädagogik. *Geistige Behinderung, 35* (1), 18-25.

Feuser, Georg (2005). »Der Mensch wird am Du zum Ich.« Das Menschenbild als gesellschaftlicher Auftrag im Feld der Pädagogik. *Behindertenpädagogik, 44* (3), 273–287.

Feuser, Georg (2006). Inklusion und Qualitätssicherung – oder: Der Tanz ums goldene Kalb. *Vierteljahresschrift für Heilpädagogik und ihre Nachbargebiete, 75* (4), 278-284.

Feuser, Georg (2011). 25 Jahre Integrations-/Inklusionsforschung: Rückblick – Ausblick. Eine kurze, kritische Analyse. *Behindertenpädagogik, 50* (2), 118–125.

Feuser, Georg (2012). 25 Jahre Integrations-/Inklusionsforschung: Rückblick – Ausblick. Eine kurze, kritische Analyse. In: Simone Seitz, Nina-Kathrin Finnern, Natascha Korff & Katja Scheidt (Hrsg.), *Inklusiv gleich gerecht? Inklusion und Bildungsgerechtigkeit* (S. 289–294). Bad Heilbrunn: Klinkhardt.

Feuser, Georg & Maschke, Thomas (Hrsg.) (2013). *Lehrerbildung auf dem Prüfstand. Welche Qualifikationen braucht die inklusive Schule?* Gießen: Psychosozial.

Frohn, Julia; Brodesser, Ellen; Moser, Vera & Pech, Detlef (2019). *Inklusives Lehren und Lernen. Allgemein- und fachdidaktische Grundlagen.* Bad Heilbrunn: Klinkhardt.

Literatur

Fuchs, Peter (2016). Inklusion/Exklusion – theoretische Präzisierungen. In: Ingeborg Hedderich, Gottfried Biewer, Judith Hollenweger & Reinhard Markowetz (Hrsg.), *Handbuch Inklusion und Sonderpädagogik* (S. 397–401). Bad Heilbrunn: Klinkhardt.

Gage, Nathaniel Lees (1963). *Handbook of Research on Teaching. A Project of the American Educational Research Association.* Chicago: Rand McNally.

Gebhardt, Markus & Heimlich, Ulrich (2018). Inklusion und Bildung. In: Rudolf Tippelt & Bernhard Schmidt-Hertha (Hrsg.), *Handbuch Bildungsforschung* (4. Aufl.) (S. 1241–1269). Wiesbaden: Springer VS.

Georg, Werner (2002). Soziale Ungleichheit/Lebenslagen. In: Martin Greiffenhagen & Sylvia Greiffenhagen (Hrsg.), *Handwörterbuch zur politischen Kultur der Bundesrepublik Deutschland* (S. 567–570). Wiesbaden: VS Sozialwissenschaften.

Gildemeister, Regine & Robert, Günther (1997). »Ich geh da von einem bestimmten Fall aus... «– Professionalisierung und Fallbezug in der Sozialen Arbeit. In: Gisela Jakob & Hans-Jürgen von Wensierski (Hrsg.), *Rekonstruktive Sozialpädagogik. Konzepte und Methoden sozialpädagogischen Verstehens in Forschung und Praxis* (S. 23–38). Weinheim; München: Juventa.

Giest, Hartmut; Kaiser, Astrid & Schomaker, Claudia (Hrsg.) (2011). *Sachunterricht – auf dem Weg zur Inklusion.* Bad Heilbrunn: Klinkhardt.

Goeke, Stephanie & Kubanski, Dagmar (2012). Menschen mit Behinderungen als GrenzgängerInnen im akademischen Raum – Chancen partizipatorischer Forschung. *Forum Qualitative Sozialforschung, 13* (1), Art. 6, DOI: http://dx.doi.org/10.17169/fqs-13.1.1782.

Grell, Jochen & Grell, Monika (2013). *Unterrichtsrezepte* (12 Aufl.). Weinheim; Basel: Beltz.

Gronemeyer, Marianne (1997). *Lernen mit beschränkter Haftung: Über das Scheitern der Schule.* Darmstadt: Wissenschaftliche Buchgesellschaft.

Gruschka, Andreas (1988). *Negative Pädagogik. Einführung in die Pädagogik mit kritischer Theorie.* Wetzlar: Büchse der Pandora.

Gruschka, Andreas (2001). Bildung: Unvermeidbar und überholt ohnmächtig und rettend. *Zeitschrift für Pädagogik, 47* (5), 621–639.

Gruschka, Andreas (2002). *Das Kreuz mit der Didaktik. Elf Einsprüche gegen den didaktischen Betrieb.* Wetzlar: Büchse der Pandora.

Gruschka, Andreas (2011). *Pädagogische Forschung als Erforschung der Pädagogik.* Opladen: Burdrich.

Gruschka, Andreas (2014). *Lehren.* Stuttgart: Kohlhammer.

Gruschka, Andreas (2015). Verstehen Lehren. In: Irmtraud Schnell (Hrsg.) *Herausforderung Inklusion – Theoriebildung und Praxis* (S. 223–232). Bad Heilbrunn: Klinkhardt.

Gudjons, Herbert & Traub, Silke (2016). *Pädagogisches Grundwissen. Überblick - Kompendium - Studienbuch* (12. Aufl.). Bad Heilbrunn: Klinkhardt.

Habermas, Jürgen (1981). *Theorie des kommunikativen Handelns*. 2 Bände. Frankfurt am Main: Suhrkamp.

Haeberlin, Urs; Bless, Gérard; Moser, Urs & Klaghofer, Richard (1990). *Die Integration von Lernbehinderten. Versuche, Theorien, Forschungen, Enttäuschungen, Hoffnungen*. Bern; Stuttgart: Haupt.

Harant, Martin (2016). Der Inklusionsbegriff im Spannungsfeld pädagogischer ›Mindsets‹. *Pädagogische Korrespondenz, 54* (2), 37–57.

Hartke, Bodo (Hrsg.) (2017). *Handlungsmöglichkeiten schulische Inklusion. Das Rügener Modell kompakt*. Stuttgart: Kohlhammer.

Hasselhorn, Marcus; Schneider, Wolfgang & Trautwein, Ulrich (Hrsg.) (2014). *Lernverlaufsdiagnostik*. Göttingen: Hogrefe.

Hattie, John (2015). *Lernen sichtbar machen* (3. Aufl.). Baltmannsweiler: Schneider Verlag Hohengehren.

Hattie, John & Yates, Gregory C. R. (2015). *Lernen sichtbar machen aus psychologischer Perspektive*. Baltmannsweiler: Schneider Verlag Hohengehren.

Heid, Helmut (1994). Erziehung. In: Dieter Lenzen (Hrsg.), *Erziehungswissenschaft. Ein Grundkurs* (S. 43–68). Reinbeck bei Hamburg: Rowohlt.

Heimlich, Ulrich (2003). *Integrative Pädagogik. Eine Einführung*. Stuttgart: Kohlhammer.

Heitmeyer, Wilhelm (1997). Einleitung – Auf dem Weg in eine desintegrierte Gesellschaft. In: Wilhelm Heitmeyer (Hrsg.), *Was treibt die Gesellschaft auseinander?* (S. 9–26). Frankfurt am Main: Suhrkamp.

Hellmich, Frank; Görel, Gamze & Löper, Marwin Felix (Hrsg.) (2018). *Inklusive Schul- und Unterrichtsentwicklung. Vom Anspruch zur erfolgreichen Umsetzung*. Stuttgart: Kohlhammer.

Helsper, Werner & Böhme, Jeanette (Hrsg.) (2004). *Handbuch der Schulforschung*. Wiesbaden: VS Sozialwissenschaften.

Hess, Doris; Ruland, Michael; Meyer, Maurice & Steinwede, Jacob (2019). *Schulische Inklusion. Untersuchung zu Einstellungen zu schulischer Inklusion und Wirkungen im Bildungsverlauf. Forschungsbericht, März 2019*. Bonn: Aktion Mensch.

Heydorn, Heinz-Joachim (1972). *Zu einer Neufassung des Bildungsbegriffs*. Frankfurt am Main: Suhrkamp.

Hildeschmidt, Anne & Sander, Alfred (1996). Zur Effizienz der Beschulung sogenannter Lernbehinderter in Sonderschulen. In: Hans Eberwein (Hrsg.), *Handbuch Lernen und Lernbehinderungen. Aneignungsprobleme. Neues Verständnis von Lernen. Integrationspädagogische Lösungsansätze* (S. 115–134). Weinheim; Basel: Beltz.

Literatur

Hillenbrand, Clemens (2014): Inklusive Bildung: Programmatik – Empirie – Umsetzung. *Zeitschrift für Individualpsychologie, 39* (4), 281–297.

Hillenbrand, Clemens; Melzer, Conny & Hagen, Tobias (2013). Bildung schulischer Fachkräfte für inklusive Bildungssysteme. In: Hans Döbert & Horst Weishaupt (Hrsg.), *Inklusive Bildung professionell gestalten. Situationsanalyse und Handlungsempfehlungen* (S. 33–68). Münster: Waxmann.

Hinz, Andreas (1993). *Heterogenität in der Schule. Integration – Interkulturelle Erziehung – Koedukation.* Hamburg: Curio.

Hinz, Andreas (2000). Sonderpädagogik im Rahmen von Pädagogik der Vielfalt und Inclusive Education. In: Friedrich Albrecht, Andreas Hinz & Vera Moser (Hrsg.), *Perspektiven der Sonderpädagogik. Disziplin- und professionsbezogene Standortbestimmungen* (S. 124–140). Neuwied; Kriftel; Berlin: Luchterhand.

Hinz, Andreas (2002). Von der Integration zur Inklusion – terminologisches Spiel oder konzeptionelle Weiterentwicklung? *Zeitschrift für Heilpädagogik, 53* (9), 354–361.

Hochstadt, Christiane & Olsen, Ralph (Hrsg.) (2019). *Handbuch Deutschunterricht und Inklusion.* Weinheim: Beltz.

Hoffmann, Sarah G. (2014). Störungspostulat. In: Mina Schneider-Landolf, Jochen Spielmann & Walter Zitterbarth (Hrsg.), *Handbuch Themenzentrierte Interaktion* (S. 101–106). Göttingen: Vandenhoeck & Ruprecht.

Höhn, Karl (1990). Integration in den Bundesländern. In: Helga Deppe-Wolfinger, Annedore Prengel & Helmut Reiser, *Integrative Pädagogik in der Grundschule. Bilanz und Perspektiven der Integration behinderter Kinder in der Bundesrepublik Deutschland 1976-1988* (S. 47–146). München: DJI.

Hörster, Reinhard (2018). Sozialpädagogische Kasuistik. In: Hans-Uwe Otto, Hans Thiersch, Rainer Treptow & Holger Ziegler (Hrsg.), *Handbuch Soziale Arbeit. Grundlagen der Sozialarbeit und Sozialpädagogik* (6. Aufl.) (S. 1563–1571). München: Reinhardt.

Honneth, Axel (1992). *Kampf um Anerkennung. Zur moralischen Grammatik sozialer Konflikte.* Frankfurt am Main: Suhrkamp.

Horkheimer, Max (1937). Traditionelle und kritische Theorie. *Zeitschrift für Sozialforschung, VI,* 245–294.

Horn, Klaus-Peter; Kemnitz, Heidemarie; Marotzki, Winfried & Sandfuchs, Uwe (Hrsg.) (2012). *Klinkhardt Lexikon Erziehungswissenschaft (KLE).* 3 Bände. Bad Heilbrunn: Klinkhardt.

Hörner, Wolfgang (2010). Bildung. In: Wolfgang Hörner, Barbara Drinck & Solvejg Jobst, *Bildung, Erziehung, Sozialisation. Grundbegriffe der Erziehungswissenschaft* (2. Aufl.) (S. 9–71). Opladen: Budrich.

Horster, Detlef; Hoyningen-Süess, Ursula & Liesen, Christian (Hrsg.) (2005). *Sonderpädagogische Professionalität. Beiträge zur Entwicklung der Sonderpädagogik als Disziplin und Profession.* Wiesbaden: VS Sozialwissenschaften.

Hradil, Stefan (2016). Soziale Ungleichheit, soziale Schichtung und Mobilität. In: Hermann Korte & Bernhard Schäfers (Hrsg.), *Einführung in Hauptbegriffe der Soziologie* (9. Aufl.) (S. 248–275). Wiesbaden: VS Sozialwissenschaften.

Huber, Christian (2009). Gemeinsam einsam? Empirische Befunde und praxisrelevante Ableitungen zur sozialen Integration von Schülern mit Sonderpädagogischem Förderbedarf im Gemeinsamen Unterricht. *Zeitschrift für Heilpädagogik, 60* (7), 242–248.

Humbach, Martina (2013). *Inklusion in der Schule – das Praxisbuch. Profi-Tipps und Materialien aus der Lehrerfortbildung.* Donauwörth: Auer.

Humboldt, Wilhelm von (2017). *Schriften zur Bildung.* Stuttgart: Reclam.

Hummrich, Merle; Hebenstreit, Astrid; Hinrichsen, Merle & Meier, Michael (Hrsg.) (2016). *Was ist der Fall? Kasuistik und das Verstehen pädagogischen Handelns.* Wiesbaden: Springer VS.

Hüpping, Sandra & Heitmeyer, Wilhelm (2015). Integration/Solidarität. In: Sina Farzin & Stefan Jordan (Hrsg.), *Lexikon Soziologie und Sozialtheorie – hundert Grundbegriffe* (S. 126–129). Stuttgart: Reclam.

Hurrelmann, Klaus & Bauer, Ullrich (2018). *Einführung in die Sozialisationstheorie. Das Modell der produktiven Realitätsverarbeitung* (12. Aufl.). Weinheim; Basel: Beltz.

Huster, Ernst-Ulrich; Boeckh, Jürgen & Mogge-Grotjahn, Hildegard (Hrsg.) (2018). *Handbuch Armut und soziale Ausgrenzung* (3. Aufl.). Wiesbaden: Springer VS.

Ilien, Albert (2008). *Lehrerprofession. Grundprobleme pädagogischen Handelns* (2. Aufl.). Wiesbaden: VS Sozialwissenschaften.

Imbusch, Peter & Rucht, Dieter (2005). Integration und Desintegration in modernen Gesellschaften. In: Wilhelm Heitmeyer & Peter Imbusch (Hrsg.), *Integrationspotenziale einer modernen Gesellschaft* (S. 13–71). Wiesbaden: VS Sozialwissenschaften.

Ingenkamp, Karlheinz & Parey, Evelore (Hrsg.) (1970). *Handbuch der Unterrichtsforschung.* 3 Bände. Weinheim: Beltz.

Jantzen, Wolfgang (1987). *Allgemeine Behindertenpädagogik, Band 1: Sozialwissenschaftliche und psychologische Grundlagen.* Weinheim; Basel: Beltz.

Jantzen, Wolfgang (1990). *Allgemeine Behindertenpädagogik, Band 2: Neurowissenschaftliche Grundlagen, Diagnostik, Pädagogik und Therapie.* Weinheim; Basel: Beltz.

Jantzen, Wolfgang (1997). Deinstitutionalisierung. *Geistige Behinderung, 36* (4), 358–374.

Literatur

Jantzen, Wolfgang (2001a). Vernunft-Natur-Normalität – Bemerkungen zu Kritik der relationalen Vernunft. In: Ulrike Schildmann (Hrsg.), *Normalität, Behinderung und Geschlecht. Ansätze und Perspektiven der Forschung* (S. 77–94). Opladen: Leske und Budrich.

Jantzen, Wolfgang (2001b). Jeder Mensch kann lernen! Gedanken zum 60. Geburtstag von Christel Manske. In: Wolfang Jantzen (Hrsg.), *Jeder Mensch kann lernen – Perspektiven einer kulturhistorischen (Behinderten-)Pädagogik* (S. 7–15). Neuwied; Berlin: Luchterhand.

Jantzen, Wolfgang (2001c). Vygotskik und das Problem der elementaren Einheit der psychischen Prozesse. In: Wolfang Jantzen (Hrsg.), *Jeder Mensch kann lernen. Perspektiven einer kulturhistorischen (Behinderten-)Pädagogik* (S. 221–243). Neuwied; Berlin: Luchterhand.

Jantzen, Wolfgang (2004a). *Materialistische Anthropologie und postmoderne Ethik – Methodologische Studien*. Bonn: Pahl-Rugenstein.

Jantzen, Wolfgang (2004b). Methodologische Grundfragen der kulturhistorischen Neuropsychologie. In: Wolfgang Jantzen (Hrsg.), *Gehirn, Geschichte und Gesellschaft – Die Neuropsychologie Alexander R. Lurijas* (S. 115–136). Berlin: Lehmanns Media.

Jantzen, Wolfgang (2004c). Die Dominante und das Problem der »niederen psychischen Funktionen« im Werk von Vygotskij. *Mitteilungen der Luria Gesellschaft, 11* (1–2), 62–79.

Jantzen, Wolfgang (2005a). *»Es kommt darauf an, sich zu verändern...« – Zur Methodologie und Praxis rehistorisierender Diagnostik und Intervention*. Gießen: Psychosozial.

Jantzen, Wolfgang (2005b). Die »Dominante« (Uchtomskij) als Schlüssel zu einer Theorie der dynamischen und chronogenen Lokalisation der Emotionen im Werk von L. S. Vygotskij. *Behindertenpädagogik, 44* (4), 395–402.

Jantzen, Wolfgang (2007). Kritisch-materialistische Behindertenpädagogik. In: Heinrich Greving (Hrsg.), *Kompendium der Heilpädagogik. Band 2* (S. 86–95). Troisdorf: Bildungsverlag EINS.

Jantzen, Wolfgang (2008). *Kulturhistorische Psychologie heute. Methodologische Erkundungen zu L. S. Vygotskij*. Berlin: Lehmanns Media.

Jantzen, Wolfgang (2010). Allgemeine Behindertenpädagogik: Konstitution und Systematik. In: Detlef Horster & Wolfgang Jantzen (Hrsg.), *Wissenschaftstheorie. Enzyklopädisches Handbuch der Behindertenpädagogik, Band 1* (S. 15–45). Stuttgart: Kohlhammer.

Jantzen, Wolfgang (2014). Das behinderte Ding wird Mensch. Inklusion verträgt keine Ausgrenzung. *Behinderte Menschen, 37* (1), 17–29.

Jantzen, Wolfgang (2017). Behindertenpädagogik als synthetische Humanwissenschaft. Vortrag am 20.12.2017 an der Humboldt-Universität Berlin; online verfügbar unter http://www.basaglia.de/Artikel/Synthetische%20Humanwissenschaft%20-%20HUB%202017.pdf.

Jantzen, Wolfgang (2020). Was sind Emotionen und was ist emotionale Entwicklung? In: Wolfgang Jantzen, *Seele, Sinn und Emotionen. Essays zu Grundfragen der Humanwissenschaften* (S. 67–113). Gießen: Psychosozial.

Jantzen, Wolfgang & Lanwer-Koppelin, Willehad (1996). *Diagnostik als Rehistorisierung. Methodologie und Praxis einer verstehenden Diagnostik am Beispiel schwer behinderter Menschen.* Berlin: Marhold/Spiess.

Kanter, Gustav O. (1967). *Experimentelle Untersuchungen zu Problemen der Lernbehinderung bei Sonderschülern.* Marburg: Elwert.

Kanter, Gustav O. (1979). *Lernbehinderungen und Lernbehinderte in sonderpädagogischer Sicht.* Hagen: Fernuniversität, Gesamthochschule.

Kastl, Jörg Michael (2012). Inklusion und Integration. Ist »Inklusion« Menschenrecht oder eine pädagogische Ideologie? Soziologische Thesen. *Lehren & Lernen, 38* (12), 4–9.

Kastl, Jörg Michael (2017). *Einführung in die Soziologie der Behinderung* (2. Aufl.). Wiesbaden: Springer VS.

Kiper, Hanna (2013). *Theorie der Schule. Institutionelle Grundlagen pädagogischen Handelns.* Stuttgart: Kohlhammer.

Klafki, Wolfgang (1959). *Das pädagogische Problem des Elementaren und die Theorie der kategorialen Bildung.* Weinheim: Beltz.

Klafki, Wolfgang (1963). *Studien zur Bildungstheorie und Didaktik.* Weinheim: Beltz.

Klauer, Karl Josef (1964). *Programmierter Unterricht in Sonderschulen: eine Einführung.* Berlin: Marhold.

Klauer, Karl Josef (1966). *Lernbehindertenpädagogik.* Berlin: Marhold.

Klauer, Karl Josef (1973). *Revision des Erziehungsbegriffs: Grundlagen einer empirischrationalen Pädagogik.* Düsseldorf: Schwann.

Klauer, Karl Josef & Reinartz, Anton (Hrsg.) (1978). *Sonderpädagogik in allgemeinen Schulen. Handbuch der Sonderpädagogik, Band 9.* Berlin: Marhold.

Klaus, Georg & Buhr, Manfred (Hrsg.) (1971). *Philosophisches Wörterbuch. Band 1* (8. Aufl.). Leipzig: Bibliographisches Institut.

Klein, Gabriele; Kreie, Gisela; Kron, Maria; Reiser, Helmut & Ziller, Hannes (1986). *Miteinander leben. Behinderte und nichtbehinderte Kinder im Kindergarten.* Wiesbaden: Hessisches Sozialministerium.

Klein, Gabriele; Kreie, Gisela; Kron, Maria & Reiser, Helmut (1987). *Integrative Prozesse in Kindergartengruppen. Über die gemeinsame Erziehung von behinderten und nichtbehinderten Kindern.* Weinheim; München: Juventa; DJI.

Literatur

Klemm, Klaus (2015). *Inklusion in Deutschland. Daten und Fakten.* Gütersloh: Bertelsmann Stiftung.

Klemm, Klaus (2018). *Unterwegs zur inklusiven Schule. Lagebericht 2018 aus bildungsstatistischer Perspektive.* Gütersloh: Bertelsmann Stiftung.

Klippert, Heinz (2010). *Heterogenität im Klassenzimmer. Wie Lehrkräfte effektiv und zeitsparend damit umgehen können.* Weinheim; Basel: Beltz.

Kluge, Karl-Josef (Hrsg.) (1976). *Einführung in die Sonderschuldidaktik.* Darmstadt: Wissenschaftliche Buchgesellschaft.

Kluge, Sven; Liesner, Andrea & Weiß, Edgar (2015). Editoral. In: Sven Kluge, Andrea Liesner & Edgar Weiß (Hrsg.), *Inklusion als Ideologie. Jahrbuch für Pädagogik* (S. 9–17). Frankfurt am Main: Lang.

Kluth, Paula & Danaher, Sheila (2016). *Inklusion in der Praxis! 100 Tipps & Tricks für den differenzierten Unterricht.* Mülheim: Verlag an der Ruhr.

Knauf, Helen & Knauf, Marcus (2019). *Schulische Inklusion in Deutschland 2009–2017. Eine bildungsstatistische Analyse aus Anlass des 10. Jahrestags des Inkrafttretens der UN-Behindertenrechtskonvention am 26. März 2019.* (Bielefeld Working Paper; 1).

Kobi, Emil (1988). Was bedeutet Integration? Analyse eines Begriffs. In: Hans Eberwein (Hrsg.), *Behinderte und Nichtbehinderte lernen gemeinsam. Handbuch der Integrationspädagogik* (S. 54–62). Weinheim: Beltz.

Köbsell, Swantje (2012). *Wegweiser Behindertenbewegung: neues (Selbst-)Verständnis von Behinderung.* Neu-Ulm: AG-SPAK-Bücher.

Koneffke, Gernot (2006). Einige Bemerkungen zur Begründung materialistischer Pädagogik. In Wolfgang Keim & Gerd Steffens (Hrsg.), *Bildung und gesellschaftlicher Widerspruch. Hans-Jochen Gamm und die deutsche Pädagogik seit dem Zweiten Weltkrieg* (S. 29–44). Frankfurt am Main: Suhrkamp.

Koring, Bernhard (1997). *Das Theorie-Praxis-Verhältnis in Erziehungswissenschaft und Bildungstheorie. Ein didaktisches Arbeitsbuch für Studierende und DozentInnen.* Donauwörth: Auer.

Kornmann, Reimer & Klingele, Christoph (1996). Ausländische Kinder und Jugendliche an Schulen für Lernbehinderte in den alten Bundesländern – Noch immer erheblich überrepräsentiert und dies mit steigender Tendenz und eklatanten länderspezifischen Unterschieden! *Zeitschrift für Heilpädagogik, 47* (1), 2–9.

Kreie, Gisela (1985). *Integrative Kooperation. Über die Zusammenarbeit von Sonderschullehrer und Grundschullehrer.* Weinheim: Beltz.

Kreis, Annelies; Wick, Jeannette & Kosorok Labhart, Carmen (Hrsg.) (2016). *Kooperation im Kontext schulischer Heterogenität.* Münster; New York: Waxmann.

Kroeger, Matthias (2010). Das sogenannte ›Störungspostulat‹: »Disturbances and Passionate Involvements take precedence«. *Themenzentrierte Interaktion, 24* (1), 9–21.

Kronauer, Martin (2010). *Exklusion. Die Gefährdung des Sozialen im hochentwickelten Kapitalismus.* Frankfurt am Main: Campus.

Kronauer, Martin (2013). Soziologische Anmerkungen zu zwei Debatten über Inklusion und Exklusion. In: Monika Kil, Reinhard Burtscher, Eduard Jan Ditschek, Martin Kronauer & Karl-Ernst Ackermann (Hrsg.), *Zugänge zu Inklusion: Erwachsenenbildung, Behindertenpädagogik und Soziologie im Dialog* (S. 17–25). Bielefeld: Bertelsmann.

Krüger, Heinz-Hermann (2012). *Einführung in Theorien und Methoden der Erziehungswissenschaft* (6. Aufl.). Opladen; Toronto: Budrich.

Kultusministerkonferenz, KMK (1972). *Empfehlung zur Ordnung des Sonderschulwesens. Beschluss der Ständigen Konferenz der Kultusminister der Länder in der Bundesrepublik Deutschland vom 16. März 1972.* Nienburg: Schulze.

Lange, Valerie (2017). *Inklusive Bildung in Deutschland. Ländervergleich.* Berlin: Friedrich-Ebert-Stiftung.

Langfeldt, Hans-Peter (1998). *Behinderte Kinder im Urteil ihrer Lehrkräfte: eine Analyse der Begutachtungspraxis im Sonderschul-Aufnahme-Verfahren.* Heidelberg: Winter/Edition Schindele.

Langfeldt, Hans-Peter & Wember, Franz B. (1994). 30 Jahre Heilpädagogische Forschung: Bestandsaufnahme und inhaltsanalytische Reflexionen. *Heilpädagogische Forschung, XX* (4), 187–198.

Langner, Anke (Hrsg.) (2018). *Inklusion im Dialog: Fachdidaktik - Erziehungswissenschaft - Sonderpädagogik.* Bad Heilbrunn: Klinkhardt.

Lanwer, Willehad (2015). Exklusion und Inklusion. Anmerkungen zu einer gegensätzlichen Einheit. In: Sven Kluge, Andrea Liesner & Edgar Weiß (Hrsg.), *Inklusion als Ideologie. Jahrbuch für Pädagogik* (S. 159–173). Frankfurt am Main: Lang.

Lautmann, Rüdiger (1994). Integration. In: Werner Fuchs-Heinritz, Rüdiger Lautmann, Otthein Rammstedt & Hanns Wienold (Hrsg.), *Lexikon zur Soziologie* (3. Aufl.) (S. 303). Opladen: Westdeutscher Verlag.

Leisering, Lutz (2004). Desillusionierungen des modernen Fortschrittsglaubens. »Soziale Exklusion« als gesellschaftliche Selbstbeschreibung und soziologisches Konzept. In: Thomas Schwinn (Hrsg.), *Differenzierung und soziale Ungleichheit. Die zwei Soziologien und ihre Verknüpfung* (S. 238–268). Frankfurt am Main: Humanities Online.

Lemberg, Eugen (1963). Von der Erziehungswissenschaft zur Bildungsforschung. Das Bildungswesen als gesellschaftliche Institution. In: Eugen Lemberg (Hrsg.),

Das Bildungswesen als Gegenstand der Forschung (S. 21-100). Heidelberg: Quelle & Meyer.

Lindmeier, Christian (1993). *Behinderung - Phänomen oder Faktum?* Bad Heilbrunn: Klinkhardt.

Lindmeier, Christian (2019). *Differenz, Inklusion, Nicht/Behinderung. Grundlinien einer diversitätsbewussten Pädagogik.* Stuttgart: Kohlhammer.

Lindmeier, Christian & Lütje-Klose, Birgit (2015). Inklusion als Querschnittsaufgabe in der Erziehungswissenschaft. *Erziehungswissenschaft. Mitteilungen der Deutschen Gesellschaft für Erziehungswissenschaft, 26* (51), 7-16.

Lindner, Heike & Tautz, Monika (Hrsg.) (2018). *Heterogenität und Inklusion: Herausforderungen für die Religionspädagogik - Theorieband.* Berlin; Münster: LIT.

Link, Jürgen (1996). *Versuch über den Normalismus: wie Normalität produziert wird.* Opladen: Westdeutscher Verlag.

Lockwood, David (1964). Social Integration and System Integration. In: George K. Zollschan & Walter Hirsch (Eds.), *Explorations in Social Change* (pp. 244–257). London: Routledge & Kegan.

Lotz, Walter (1995). Brief 4: Weiterführende Überlegungen zum Handlungsaspekt der TZI. In: Helmut Reiser & Walter Lotz, *Themenzentrierte Interaktion als Pädagogik* (S. 235-241). Mainz: Grünewald.

Markowetz, Reinhard (1997). Soziale Integration von Menschen mit Behinderungen. In: Günther Cloerkes, *Soziologie der Behinderung. Eine Einführung* (S. 187-238). Heidelberg: Winter.

Marotzki, Winfried (2006). Erziehung. In: Heinz-Hermann Krüger & Cathleen Grunert (Hrsg.), *Wörterbuch Erziehungswissenschaft* (2. Aufl.) (S. 146-152). Opladen: Budrich.

Marx, Rita (1992). *Integrieren oder aussondern. Die Sonderschule in der Sicht von Schülern und Eltern.* Weinheim; Basel: Beltz.

Meyer, André (2012). *Der Exklusionsbegriff in der Systemtheorie Niklas Luhmanns - Eine Überprüfung seiner Erklärungsleistung am Beispiel der Favelas Rio de Janeiros.* Bielefeld: Diplomarbeit an der Fakultät für Soziologie der Universität.

Meyer, Hilbert (2019). *Was ist guter Unterricht?* (14. Aufl.). Berlin: Cornelsen.

Moegling, Klaus (1998). *Fächerübergreifender Unterricht. Wege ganzheitlichen Lernens in der Schule.* Bad Heilbrunn: Klinkhardt.

Moser, Heinz (1995). *Grundlagen der Praxisforschung.* Freiburg im Breisgau: Lambertus.

Moser, Vera (2003). *Konstruktion und Kritik. Sonderpädagogik als Disziplin.* Opladen: Leske und Budrich.

Moser, Vera (2009): Die Geschichte der Behindertenpädagogik. *Enzyklopädie Erziehungswissenschaften Online (EEO). Fachgebiet Behinderten- und Integrationspädagogik.* DOI: 10.3262/EEO11090016. [Zugriff am 29.02.2012].

Moser, Vera (2010a). Perfektibilität – Verbesonderung – Förderung – Teilhabe/ Inklusion. Eine Paradigmengeschichte der Behindertenpädagogik. In: Attila Nóbik & Béla Pukánszky (Hrsg.), *Normalität, Abnormalität und Devianz: gesellschaftliche Konstruktionsprozesse und ihre Umwälzungen in der Moderne* (S. 75-86). Frankfurt am Main: Lang.

Moser, Vera (2010b). Heterogenität als bildungspolitische Orientierung sonderpädagogischer Professionsentwicklung: Historische Hypotheken und aktuelle Ambivalenzen. In: Sieglind Ellger-Rüttgardt & Grit Wachtel (Hrsg.), *Pädagogische Professionalität und Behinderung. Herausforderungen aus historischer, nationaler und internationaler Perspektive* (S. 105-111). Stuttgart: Kohlhammer.

Moser, Vera (2017a). Inklusion und Organisationsentwicklung. In: Vera Moser & Marina Egger (Hrsg.), *Inklusion und Schulentwicklung. Konzepte, Instrumente, Befunde* (S. 15-30). Stuttgart: Kohlhammer.

Moser, Vera (2017b). Historische Kontextualisierung der Integrations- und Inklusionsforschung in der Bundesrepublik Deutschland. In Jürgen Budde, Andrea Dlugosch & Tanja Sturm (Hrsg.), *(Re-)Konstruktive Inklusionsforschung. Differenzlinien – Handlungsfelder – Empirische Zugänge* (S. 21–32). Opladen: Budrich.

Moser, Vera (Hrsg.) (2018a). *Behindertenpädagogik als synthetische Humanwissenschaft. Eine Einführung in das Werk Wolfgang Jantzens.* Bad Heilbrunn: Klinkhardt.

Moser, Vera (2018b). Einleitung. In: Vera Moser (Hrsg.), *Behindertenpädagogik als synthetische Humanwissenschaft. Eine Einführung in das Werk Wolfgang Jantzens* (S. 7-11). Bad Heilbrunn: Klinkhardt.

Moser, Vera & Lütje-Klose, Birgit (Hrsg.) (2016). *Schulische Inklusion. 62. Beiheft der Zeitschrift für Pädagogik.* Weinheim: Beltz Juventa.

Moser, Vera & Sasse, Ada (2008). *Theorien der Behindertenpädagogik.* München: Reinhardt.

Müller, Burkhard (1991). *Die Last der großen Hoffnungen. Methodisches Handeln und Selbstkontrolle in sozialen Berufen.* Weinheim; München: Juventa.

Müller, Burkhard (1995). Das Allgemeine und das Besondere beim sozialpädagogischen und psychoanalytischen Fallverstehen. *Zeitschrift für Pädagogik, 41* (5), 697-708.

Müller, Burkhard (2017). *Sozialpädagogisches Können. Ein Lehrbuch zur multiperspektivischen Fallarbeit* (8. Aufl.). Freiburg im Breisgau: Lambertus.

Müller, Frank J. (2018). *Blick zurück nach vorn – WegbereiterInnen der Inklusion.* 2 Bände. Gießen: Psychosozial.

Literatur

Müller, Frank J. & Prengel, Annedore (2013). Empirische Zugänge zur Inklusion in der Früh- und Grundschulpädagogik. *Zeitschrift für Grundschulforschung, 6* (1), 7-20.

Müller, Hans-Peter & Schmid, Michael (Hrsg.) (2003). *Hauptwerke der Ungleichheitsforschung.* Wiesbaden: Westdeutscher Verlag.

Muth, Jakob; Kniel, Adrian & Topsch, Wilhelm (1976). *Schulversuche zur Integration behinderter Kinder in den allgemeinen Unterricht.* Braunschweig: Westermann.

Mutzeck, Wolfgang (2000). Kooperative Förderplanung. In: Wolfgang Mutzeck (Hrsg.), *Förderplanung. Grundlagen – Methoden – Alternativen* (S. 199-266). Weinheim: Beltz/Deutscher Studienverlag.

Mutzeck, Wolfgang & Pallasch, Waldemar (Hrsg.) (1984). *Integration verhaltensgestörter Schüler. Praktische Modelle und Versuche.* Weinheim; Basel: Beltz.

Nassehi, Armin & Nollmann, Gerd (1999). Inklusionen. Organisationssoziologische Ergänzungen der Inklusions-/Exklusionstheorie. In: Armin Nassehi, *Differenzierungsfolgen. Beiträge zur Soziologie der Moderne* (S. 133-150). Wiesbaden: Springer.

O'Hanlon, Christine & Thomas, Gary (2004). Series editors' preface. In: David Skidmore (Ed.), *Inclusion. The Dynamic of School Development* (ix-xi). New York: Open Universtiy Press.

Oelkers, Jürgen (1985). *Erziehen und Unterrichten. Grundbegriffe der Pädagogik aus analytischer Sicht.* Darmstadt: Wissenschaftliche Verlagsgesellschaft.

Oevermann, Ulrich (1996). Theoretische Skizze einer revidierten Theorie professionalisierten Handelns. In: Arno Combe & Werner Helsper (Hrsg.), *Pädagogische Professionalität. Untersuchungen zum Typus pädagogischen Handelns* (S. 70-182). Frankfurt a. M.: Suhrkamp.

Oevermann, Ulrich (2003). Brauchen wir heute noch eine gesetzliche Schulpflicht und was wären die Vorzüge ihrer Abschaffung. *Pädagogische Korrespondenz, 30* (3), 54-70.

Oliver, Michael (1995). *Understanding Disability. From Theory to Practice.* New York: St. Martin's Press.

Opp, Günther (Hrsg.) (1996). *Heilpädagogik in der Wendezeit. Brüche, Kontinuitäten, Perspektiven.* Luzern: Edition SZH/SPC.

Pearpoint, Jack (1989). Reflections on a Quality Education for All Students. In: Susan Stainback, William Stainback & Marsha Forest (Eds.), *Educating All Students in the Mainstream of Regular Eduation* (S. 249-254). Baltimore: Brookes.

Pearpoint, Jack; Forest, Marsha & Snow, Judith (1992). *The Inclusion Papers. Strategies to Make Inclusion Work.* Toronto: Centre for Integrated Education and Community.

Peters, Bernhard (1993). *Die Integration moderner Gesellschaften.* Frankfurt am Main: Suhrkamp.
Peterßen, Wilhelm H. (2000). *Fächerverbindender Unterricht. Begriff - Konzept - Planung - Beispiele. Ein Lehrbuch.* München: Oldenbourg.
Pijl, Sip Jan; Meijer, Cor J. W. & Hegarty, Seamus (Eds.) (1997). *Inclusive Education. A Global Agenda.* London: Routledge.
Portmann, Rosemarie (2013). *Die 50 besten Spiele zur Inklusion.* München: Don Bosco.
Powell, Justin J. W. (2011). *Barriers to Inclusion. Special Education in the United States and Germany.* Boulder: Paradigm.
Praetorius, Anna-Katharina; Grünkorn, Juliane & Klieme, Eckhard (Hrsg.) (2020). *Empirische Forschung zu Unterrichtsqualität. Theoretische Grundfragen und quantitative Modellierungen. 66. Beiheft der Zeitschrift für Pädagogik.* Weinheim: Juventa/Beltz.
Prengel, Annedore (1993). *Pädagogik der Vielfalt. Verschiedenheit und Gleichberechtigung in interkultureller, feministischer und integrativer Pädagogik.* Opladen: Leske und Budrich.
Prengel, Annedore (2013). *Pädagogische Beziehungen zwischen Anerkennung, Verletzung und Ambivalenz.* Opladen: Budrich.
Prengel, Annedore (2018). Interview. In: Fank J. Müller (Hrsg.), *Blick zurück nach vorn - WegbereiterInnen der Inklusion, Band 2* (S. 9-31). Gießen: Psychosozial.
Prengel, Annedore & Winklhofer, Ursula (Hrsg.) (2014). *Kinderrechte in pädagogischen Beziehungen.* 2 Bände. Opladen: Budrich.
Preuss-Lausitz, Ulf (1988). Zum Stand der Integrationsforschung. In: Hans Eberwein (Hrsg.), *Behinderter und Nichtbehinderte lernen gemeinsam. Handbuch der Integrationspädagogik* (S. 241-247). Weinheim; Basel: Beltz.
Preuss-Lausitz, Ulf (1993). *Die Kinder des Jahrhunderts. Zur Pädagogik der Vielfalt im Jahr 2000.* Weinheim; Basel: Beltz.
Preuss-Lausitz, Ulf (2009). Integrationsforschung. Ansätze, Ergebnisse und Perspektiven. In: Hans Eberwein & Sabine Knauer (Hrsg.), *Handbuch Integrationspädagogik. Kinder mit und ohne Beeinträchtigung lernen gemeinsam* (7. Aufl.) (S. 458-470). Weinheim; Basel: Beltz.
Preuss-Lausitz, Ulf (2015). Wissenschaftliche Begleitung der Wege zur inklusiven Schulentwicklung in den Bundesländern - Versuch eine Übersicht. In: Irmtraud Schnell (Hrsg.), *Herausforderung Inklusion. Theoriebildung und Praxis* (S. 402-430). Bad Heilbrunn: Klinkhardt.
Preuss-Lausitz, Ulf (2018). Interview. In: Frank J. Müller (Hrsg.), *Blick zurück nach vorn - WegbereiterInnen der Inklusion. Band 1* (S. 227-243). Gießen: Psychosozial.
Quenzel, Gudrun & Hurrelmann, Klaus (Hrsg.) (2019). *Handbuch Bildungsarmut.* Wiesbaden: Springer VS.

Literatur

Reich, Kersten (2014). *Inklusive Didaktik. Bausteine für eine inklusive Schule.* Weinheim; Basel: Beltz.

Reiser, Helmut (1972). *Identität und religiöse Einstellung. Grundlagen zu einem schülerorientierten Religionsunterricht.* Hamburg: Furche.

Reiser, Helmut (1975). Zur Praxis der psychoanalytischen Erziehung in der Sonderschule. In: Alois Leber & Helmut Reiser (Hrsg.), *Sozialpädagogik, Psychoanalyse und Sozialkritik. Perspektiven sozialer Berufe* (2. Aufl.) (S. 53-86). Luchterhand: Neuwied.

Reiser, Helmut (1984). Behinderte und nichtbehinderte Kinder in Kindergartengruppen. Pädagogische Voraussetzungen. *Theorie und Praxis der Sozialpädagogik, 92* (2), 102-106.

Reiser, Helmut (1990a). Entwicklung der Fragestellung und Untersuchungsplan. In: Helga Deppe-Wolfinger, Annedore Prengel & Helmut Reiser, *Integrative Pädagogik in der Grundschule Bilanz und Perspektiven der Integration behinderter Kinder in der Bundesrepublik Deutschland 1976-1988* (S. 26-34). München: DJI.

Reiser, Helmut (1990b). Ergebnisse der Untersuchung. In: Helga Deppe-Wolfinger, Annedore Prengel & Helmut Reiser, *Integrative Pädagogik in der Grundschule Bilanz und Perspektiven der Integration behinderter Kinder in der Bundesrepublik Deutschland 1976-1988* (S. 259-272). München: DJI.

Reiser, Helmut (1990c). Überlegungen zur Bedeutung des Integrationsgedankens für die Zukunft der Sonderpädagogik. In: Helga Deppe-Wolfinger, Annedore Prengel & Helmut Reiser, *Integrative Pädagogik in der Grundschule Bilanz und Perspektiven der Integration behinderter Kinder in der Bundesrepublik Deutschland 1976-1988* (S. 291-310). München: DJI.

Reiser, Helmut (1991). Wege und Irrewege der Integration. In: Alfred Sander & Peter Raidt (Hrsg.), *Integration und Sonderpädagogik* (S. 13-33). St. Ingbert: Röhrig.

Reiser, Helmut (1995a). TZI als pädagogisches System. In: Helmut Reiser & Walter Lotz, *Themenzentrierte Interaktion als Pädagogik* (S. 11-53). Mainz: Grünewald.

Reiser, Helmut (1995b). Ein Modell zur Reflexion von Unterricht nach der Themenzentrierten Interaktion. In: Helmut Reiser & Walter Lotz, *Themenzentrierte Interaktion als Pädagogik* (S. 125-146). Mainz: Grünewald.

Reiser, Helmut (1995c). Entwicklung und Störung – Vom Sinn kindlichen Verhaltens. In: Helmut Reiser & Walter Lotz, *Themenzentrierte Interaktion als Pädagogik* (S. 177-191). Mainz: Grünewald.

Reiser, Helmut (1995d). Unbewußte Interaktionsthemen im Unterricht. In: Helmut Reiser & Walter Lotz, *Themenzentrierte Interaktion als Pädagogik* (S. 192-220). Mainz: Grünewald.

Reiser, Helmut (1997). Lern- und Verhaltensstörungen als gemeinsame Aufgabe von Grundschul- und Sonderpädagogik unter dem Aspekt der schulischen Selektion. *Zeitschrift für Heilpädagogik, 48* (7), 266-275.

Reiser, Helmut (1998). Sonderpädagogik als Service-Leistung? – Perspektiven der sonderpädagogischen Berufsrolle. Zur Professionalisierung der Hilfsschul- bzw. Sonderschullehrerinnen. *Zeitschrift für Heilpädagogik, 49* (2), 46-54.

Reiser, Helmut (1999). Förderschwerpunkt Verhalten. *Zeitschrift für Heilpädagogik, 50* (4), 144-148.

Reiser, Helmut (2002). Kernthemen zur zukünftigen sonderpädagogischen Entwicklung in Deutschland. In: Anette Hausotter, Werner Boppel & Helmut Meschenmoser (Hrsg.), *Perspektiven sonderpädagogischer Förderung in Deutschland* (S. 127-142). Middelfart: European Agency for Development in Special Needs Education.

Reiser, Helmut (2006). *Psychoanalytisch-systemische Pädagogik. Erziehung auf der Grundlage der Themenzentrierten Interaktion.* Stuttgart: Kohlhammer.

Reiser, Helmut (2013). Inklusion und Verhaltensstörungen – Ideologien, Visionen, Perspektiven. In: Birgit Herz (Hrsg.), *Schulische und außerschulische Erziehungshilfe. Ein Werkbuch zu Arbeitsfeldern und Lösungsansätzen* (S. 319-330). Bad Heilbrunn: Klinkhardt.

Reiser, Helmut (2018). Interview. In: Frank J. Müller (Hrsg.), *Blick zurück nach vorn – WegbereiterInnen der Inklusion. Band 1* (S. 79-95). Gießen: Psychosozial.

Reiser, Helmut & Dlugosch, Andrea (1998). *Einführung in die Themenzentrierte Interaktion.* Hagen: Fernuniversität Gesamthochschule Hagen.

Reiser, Helmut; Dlugosch, Andrea & Willmann, Marc (Hrsg.) (2008). *Professionelle Kooperation bei Gefühls- und Verhaltensstörungen. Pädagogische Hilfen an den Grenzen der Erziehung.* Hamburg: Kovač.

Reiser, Helmut; Gutberlet, Michael; Klein, Gabriele; Kreie, Gisela & Kron, Maria (1984). *Sonderschullehrer in Grundschulen. Ergebnisse eines Schulversuchs zur integrativen Betreuung bei Lern- und Verhaltensstörungen.* Weinheim; Basel: Beltz.

Reiser, Helmut; Klein, Gabriele; Kreie, Giesela & Kron, Maria (1986). Integration als Prozess. Teil 1. *Sonderpädagogik, 16* (3), 115-122.

Reiser, Helmut & Loeken, Hiltrud (1993). *Das Zentrum für Erziehungshilfe der Stadt Frankfurt am Main. Kooperation von Schule und Jugendhilfe.* Solms-Oberbiel: Jarick Oberbiel.

Reiser, Helmut; Loeken, Hiltrud & Dlugosch, Andrea (1995). *Bedingungen der Problemwahrnehmung von Leistungsversagen in der Grundschule, untersucht am*

Beispiel zweier hessischer Landkreise. Wiesbaden: Hessisches Institut für Bildungsplanung und Schule.

Reiser, Helmut & Lotz, Walter (1995). *Themenzentrierte Interaktion als Pädagogik*. Mainz: Grünewald.

Reiser, Helmut & Trescher, Hans-Georg (Hrsg.) (1987). *Wer braucht Erziehung? Impulse der psychoanalytischen Pädagogik*. Mainz: Matthias-Grünewald-Verlag.

Reiser, Helmut; Willmann, Marc & Urban, Michael (2007). *Sonderpädagogische Unterstützungssysteme bei Verhaltensproblemen in der Schule. Innovationen im Förderschwerpunkt Emotionale und Soziale Entwicklung*. Bad Heilbrunn: Klinkhardt.

Rhein, Rüdiger (2016). Pädagogische Kasuistik – Forschendes Lernen im Lehramtsstudium. *Zeitschrift für Hochschulentwicklung, 11* (1), 149-167.

Riegert, Judith & Musenberg, Oliver (Hrsg.) (2015). *Inklusiver Fachunterricht in der Sekundarstufe*. Stuttgart: Kohlhammer.

Rogers, Carl R. (1974). *Lernen in Freiheit. Zur Bildungsreform in Schule und Universität*. München: Kösel.

Rogers, Joy (1993). The Inclusion Revolution. *Phi Delta Kappa Research Bulletin*, no. 11, May 1993.

Roth, Heinrich (1962). Die realistische Wendung in der Pädagogischen Forschung. *Neue Sammlung, 2*, 481-490.

Rothland, Martin & Terhart, Ewald (2007). Beruf: Lehrer – Arbeitsplatz: Schule. Charakteristika der Arbeitstätigkeit und Bedingungen der Berufssituation. In: Martin Rothland (Hrsg.), *Belastung und Beanspruchung im Lehrerberuf. Modelle, Befunde, Interventionen* (S. 11-31). Wiesbaden: VS Sozialwissenschaften.

Rubner, Eike (Hrsg.) (1992). *Störungen als Beitrag zum Gruppengeschehen. Zum Verständnis des Störungspostulats der TZI in Gruppen*. Mainz: Grünewald.

Salmon, Gillian & Dover, Jenny (2011). *Pädagogische Psychotherapie bei emotionalsozialen Lernstörungen*. Gießen: Psychosozial.

Sander, Alfred (1995). Modellversuch Sonderpädagogische Förderzentren: Was hat sich bewegt? Zugleich ein Versuch zu Folgerungen für die weitere Entwicklung. *Die Sonderschule, 40* (2) 94-108.

Sander, Alfred (2006). Liegt Inklusion im Trend? *Vierteljahresschrift für Heilpädagogik und ihre Nachbargebiete, 75* (1), 51-53.

Scheer, David & Laubenstein, Désirée (2018). *Schulische Inklusion entwickeln. Arbeitshilfe für Schulleitungen*. Stuttgart: Kohlhammer.

Schildmann, Ulrike (1996). *Integrationspädagogik und Geschlecht. Theoretische Grundlagen und Ergebnisse der Forschung*. Opladen: Leske und Budrich.

Schildmann, Ulrike (Hrsg.) (2001). *Normalität, Behinderung und Geschlecht. Ansätze und Perspektiven der Forschung*. Opladen: Leske und Budrich.

Schlömerkemper, Jörg (2017). *Pädagogische Prozesse in antinomischer Deutung. Begriffliche Klärungen und Entwürfe für Lernen und Lehren.* Weinheim; Basel: Beltz Juventa.
Schmitz, Carmen & Wittrock, Manfred (2010). Auch Verhalten muss gelesen werden – Behavioral Literacy. *Zeitschrift für Heilpädagogik, 61* (2), 51–58.
Schnell, Irmtraud (2003). *Geschichte schulischer Integration. Gemeinsames Lernen von SchülerInnen mit und ohne Behinderung in der BRD seit 1970.* Weinheim; München: Juventa.
Schnell, Irmtraud (2006). Wir haben damals übermorgen angefangen – sind wir schon im Heute gelandet? *Zeitschrift für Inklusion, 1* (2), ohne Seitenangabe. Online veröffentlicht am 28.02.2009, verfügbar unter https://www.inklusion-online.net/index.php/inklusion-online/article/view/188/188
Schroer, Markus (2001). Die im Dunkeln sieht man doch. Inklusion, Exklusion und die Entdeckung der überflüssigen. *Mittelweg 36, 10* (5), 33–46.
Schuck, Karl Dieter (2016). Fördern, Förderung, Förderbedarf. In: Markus Dederich, Iris Beck, Ulrich Bleidick & Georg Antor (Hrsg.), Handlexikon der Behindertenpädagogik. Schlüsselbegriffe aus Theorie und Praxis (3. Aufl.) (S. 116–120). Stuttgart: Kohlhammer.
Schumann, Monika (2009). Ein wissenschaftliches Netzwerk wird 20 – Zur Geschichte und Gegenwart der Integrationsforschung. Veröffentlicht am 28.02.2009. *Zeitschrift für Inklusion, 1* (1), ohne Seitenangabe.
Schumann, Brigitte (2018). *Streitschrift Inklusion. Was Sonderpädagogik und Bildungspolitik verschweigen.* Frankfurt am Main: Wochenschau Verlag Debus.
Schwab, Susanne (2014). *Schulische Integration, soziale Partizipation und emotionales Wohlbefinden in der Schule. Ergebnisse einer empirischen Längsschnittstudie.* Münster: LIT.
Schweiker, Wolfhard (2017). *Prinzip Inklusion. Grundlagen einer interdisziplinären Metatheorie in religionspädagogischer Perspektive.* Göttingen: Vandenhoeck & Ruprecht.
Schwinn, Thomas (Hrsg.) (2004). *Differenzierung und soziale Ungleichheit: die zwei Soziologien und ihre Verknüpfung.* Frankfurt am Main: Humanities Online.
Schwinn, Thomas (2006). Ungleichheitsstrukturen versus Vielfalt der Lebensführungen: warum die Ungleichheitsforschung die Differenzierungstheorie konsultieren sollte. In: Karl-Siegbert Rehberg (Hrsg.), *Soziale Ungleichheit, kulturelle Unterschiede: Verhandlungen des 32. Kongresses der Deutschen Gesellschaft für Soziologie in München. Teilband 2* (S. 1283–1297). Frankfurt am Main: Campus.
Schwinn, Thomas (2019). *Soziale Ungleichheit in differenzierten Ordnungen. Zur Wechselwirkung zweier Strukturprinzipien.* Tübingen: Mohr Siebeck.

Literatur

Semmerling, Rüdiger (2001). Integration. In: Dieter Lenzen (Hrsg.), *Pädagogische Grundbegriffe. Band 1* (S. 740–750). Hamburg: Rowohlt.

Siebert, Birger (2003). Das Ideelle und die tätigkeitstheoretische Lern- und Entwicklungstheorie El'konins. In: Wolfgang Jantzen & Birger Siebert (Hrsg.), *Ein Diamant schleift den anderen. Ėval'd Vasil'evič Il'enkov und die Tätigkeitstheorie* (S. 363–399). Berlin: Lehmanns Media.

Speck, Otto (1988). *System Heilpädagogik. Eine ökologisch reflexive Grundlegung.* München; Basel: Reinhardt.

Speck, Otto (2010). *Schulische Inklusion aus heilpädagogischer Sicht. Rhetorik und Realität.* München; Basel: Reinhardt.

Spitz, René A. (1976). *Vom Dialog. Studien über den Ursprung der menschlichen Kommunikation und ihrer Rolle in der Persönlichkeitsbildung.* Stuttgart: Klett.

Stainback, Susan & Stainback, William (1996). *Inclusion: A Guide for Educators.* Baltimore: Brookes.

Steinert, Heinz (2004). Schließung und Ausschließung. Eine Typologie der Schließungen und ihrer Folgen. In: Jürgen Mackert (Hrsg.), *Die Theorie sozialer Schließung Tradition, Analysen, Perspektiven* (S. 193–212). Wiesbaden: VS Sozialwissenschaften.

Stichweh, Rudolf (2009). Leitgesichtspunkte einer Soziologie der Inklusion und Exklusion. In: Rudolf Stichweh & Paul Windolf (Hrsg.), *Inklusion und Exklusion: Analysen zur Sozialstruktur und sozialen Ungleichheit* (S. 29–42). Wiesbaden: VS Sozialwissenschaften.

Stinkes, Ursula (2010). Subjektivation und Bildung. In: Oliver Musenberg & Judith Riegert (Hrsg.), *Bildung und geistige Behinderung in Bildungstheoretische Reflexionen und aktuelle Fragestellungen* (S. 115–141). Oberhausen: Athena.

Sturm, Tanja (2013). *Lehrbuch Heterogenität in der Schule.* München; Basel: Reinhardt.

Tent, Lothar; Witt, Matthias; Zschoche-Lieberum, Christiane & Buerger, Wolfgang (1991). Über die pädagogische Wirksamkeit der Schule für Lernbehinderte. *Zeitschrift für Heilpädagogik, 42* (5), 289–320.

Terhart, Ewald; Bennewitz, Hedda & Rothland, Martin (Hrsg.) (2014). *Handbuch der Forschung zum Lehrerberuf* (2. Aufl.). Münster; New York: Waxman.

Textor, Annette (2018). *Einführung in die Inklusionspädagogik* (2. Aufl.). Bad Heilbrunn: Klinkhardt.

Tippelt, Rudolf & Schmidt-Hertha, Bernhard (Hrsg.) (2018). *Handbuch Bildungsforschung.* 2 Bände (4. Aufl.). Wiesbaden: Springer VS.

Trautmann, Matthias & Wischer, Beate (2011). *Heterogenität in der Schule. Eine kritische Einführung.* Wiesbaden: VS Sozialwissenschaften.

Trevarthen, Colwyn & Aitken, Kenneth J. (1994). Brain development, infant communication, and empathy disorders: Intrinsic factors in child mental health. *Development and Psychopathology, 6* (4), 597–563.

Trumpa, Silke; Seifried, Stefanie; Franz, Eva & Klauß, Theo (Hrsg.) (2014). *Inklusive Bildung: Erkenntnisse und Konzepte aus Fachdidaktik und Sonderpädagogik.* Weinheim: Beltz Juventa.

UNESCO (1994). *Die Salamanca Erklärung und der Aktionsrahmen zur Pädagogik für besondere Bedürfnisse, angenommen von der Weltkonferenz »Pädagogik für besondere Bedürfnisse: Zugang und Qualität«.* Salamanca, Spanien, 7. –10. Juni 1994.

Unger, Hella von (2014). *Partizipative Forschung. Einführung in die Forschungspraxis.* Wiesbaden: Springer VS.

Vernooij, Monika A. (2005). *Erziehung und Bildung beeinträchtigter Kinder und Jugendlicher.* Paderborn: Schöningh.

VN-BRK (2008). Gesetz zu dem Übereinkommen der Vereinten Nationen vom 13. Dezember 2006 über die Rechte von Menschen mit Behinderungen sowie zu dem Fakultativprotokoll vom 13. Dezember 2006 zum Übereinkommen der Vereinten Nationen über die Rechte von Menschen mit Behinderungen vom 21. Dezember 2008. *Bundesgesetzblatt Jahrgang 2008 Teil II Nr. 35*, ausgegeben zu Bonn am 31. Dezember 2008, S. 1419-1457.

Vygotskij, Lev Semënovič (1985). Die Psychologie und die Lehre von der Lokalisation psychischer Funktionen. In: Lev Semënovič Vygotskij, *Ausgewählte Schriften. Band 1: Arbeiten zu theoretischen und methodologischen Problemen der Psychologie* (S. 353–362). Berlin: Volk und Wissen.

Vygotskij, Lev Semënovič (1987). *Arbeiten zur psychischen Entwicklung der Persönlichkeit. Ausgewählte Schriften, Band 2.* Berlin: Volk und Wissen.

Wagenschein, Martin (1965). *Ursprüngliches Verstehen und exaktes Denken. Band I.* Stuttgart: Klett.

Wagenschein, Martin (1969). Verstehen ist Menschenrecht. *Neue Sammlung, 9* (4), 327–331.

Wagenschein, Martin (1970). *Ursprüngliches Verstehen und exaktes Denken. Band II.* Stuttgart: Klett.

Waldschmidt, Anne (Hrsg.) (2003). *Kulturwissenschaftliche Perspektiven der disability studies: Tagungsdokumentation.* Kassel: Bifos.

Walgenbach, Katharina (2017). *Heterogenität – Intersektionalität – Diversity in der Erziehungswissenschaft* (2. Aufl.). Opladen: Budrich.

Warnock-Report (1978). *Special Educational Needs. Report of the Committee of Enquiry into Education of Handicapped Children and Young People.* London: Her Majesty`s Stationery Office.

Warzecha, Birgit (Hrsg.) (1997). *Geschlechterdifferenz in der Sonderpädagogik. Forschung – Praxis – Perspektiven.* Hamburg: Lit.
Warzecha, Birgit (Hrsg.) (2002). *Zur Relevanz des Dialogs in Erziehungswissenschaft, Behinderungspädagogik, Beratung und Therapie.* Münster: Lit.
Weisser, Jan (2005). *Behinderung, Ungleichheit und Bildung.* Bielefeld: Transcript.
Weisser, Jan (2017). *Konfliktfelder schulischer Inklusion und Exklusion im 20. Jahrhundert.* Weinheim: Beltz Juventa.
Wernet, Andreas (2006). *Hermeneutik – Kasuistik – Fallverstehen: eine Einführung.* Stuttgart: Kohlhammer.
WHO (1980). *International Classification of Impairments, Disabilities, and Handicaps. A manual of classification relating to the consequences of disease.* Geneva: World Health Organization.
Willmann, Marc (2008). Sonderpädagogik als indirektes Unterstützungsmodell: Zur notwendigen Erweiterung des Begriffs der »sonderpädagogischen Förderung«. *Sonderpädagogische Förderung, 53* (1), 82–87.
Willmann, Marc (2015a). »Was hinter dem Verhalten steht« – Pädagogische Beziehungsgestaltung und ihre Reflexion im Unterricht mit »schwierigen« Kindern. In: Margret Dörr & Johannes Gstach (Hrsg.), *Trauma und schwere Störung. Pädagogische Arbeit mit psychiatrisch diagnostizierten Kindern und Erwachsenen* (S. 127–142), Gießen: Psychosozial.
Willmann, Marc (2015b): Emotional-soziale Schwierigkeiten und Verhaltensstörungen: Diagnostik und Assessment in der inklusiven Schule. In: Holger Schäfer & Christel Rittmeyer (Hrsg.), *Handbuch Inklusive Diagnostik* (S. 419–432). Weinheim; Basel: Beltz.
Willmann, Marc (2015c). Sonderpädagogische Fallkoordination als Professionalisierungsprofil in der inklusiven schulischen Erziehungshilfe. In: Birgit Herz, David Zimmermann & Matthias Meyer (Hrsg.), *»... und raus bist du!« – Pädagogische und institutionelle Herausforderungen in der schulischen und außerschulischen Erziehungshilfe* (S. 147–161). Bad Heilbrunn: Klinkhardt.
Willmann, Marc (2017a). Pädagogik der Inklusion? – Konstitutionsprobleme inklusiver Bildung aus Sicht der Erziehungstheorie. In: Pierre-Carl Link & Roland Stein (Hrsg.), *Schulische Inklusion und Übergänge* (S. 91–103). Berlin: Frank & Timme.
Willmann, Marc (2017b): Sonderpädagogik. In: Jan Böhm, Marion Döll & Eeva Kaisa Hyry-Beihammer (Hrsg.), *Bildungswissenschaften für Lehramtsstudierende. Eine Einführung in ihre Disziplinen* (S. 163–192). Münster: Waxmann.
Willmann, Marc (2018). Vermessung des Verhaltens, Normierung zur Inklusion? RTI als evidenzbasierte Pädagogik – eine Kritik. *Zeitschrift für Grundschulforschung. Bildung im Elementar- und Primarbereich, 11* (1), 101–114.

Willmann, Marc (2020a). Deutungsmacht der Forschung, Ohnmacht in der Praxis? – Evidenzbasierte Sonderpädagogik als Exlusionsrisiko. *Emotionale und Soziale Entwicklung in der Pädagogik der Erziehungshilfe und bei Verhaltensstörungen, 2* (2), 222–232.

Willmann, Marc (2020b). Inklusion als schulischer Entwicklungsauftrag aus sonderpädagogischer Perspektive. [in Vorbereitung]

Willmann, Marc (2020c). *Pädagogik der Erziehungshilfe.* Stuttgart: Kohlhammer. [in Vorbereitung]

Winkel, Rainer (1986). *Antinomische Pädagogik und kommunikative Didaktik. Studien zu den Widersprüchen und Spannungen in Erziehung und Schule.* Düsseldorf: Schwann.

Winkler, Michael (2006). *Kritik der Pädagogik.* Stuttgart: Kohlhammer.

Winkler, Michael (2018). *Kritik der Inklusion: Am Ende eine(r) Illusion.* Stuttgart: Kohlhammer.

Wimmer, Michael (1996). Zerfall des Allgemeinen – Wiederkehr des Singulären. Pädagogische Professionalität und der Wert des Wissens. In: Arno Combe & Werner Helsper (Hrsg.), *Pädagogische Professionalität. Untersuchungen zum Typus pädagogischen Handelns* (S. 404–447). Frankfurt a. M.: Suhrkamp.

Wocken, Hans (1999). Ambulanzlehrerzentren – Unterstützungssysteme für integrative Förderung. In: Ulrich Heimlich (Hrsg.), *Sonderpädagogische Fördersysteme. Auf dem Weg zur Integration* (S. 79–96). Stuttgart: Kohlhammer.

Wocken, Hans (2011). *Das Haus der inklusiven Schule. Baustellen – Baupläne – Bausteine.* Hamburg: Feldhaus.

Wocken, Hans (2018). *Contra Inklusionskritik. Eine Apologie der Inklusion.* Hamburg: Feldhaus.

Zentrum für empirische Inklusionsforschung, ZEIF (2020). Willkommen auf den Internetseiten des ZEIF! *Online verfügbar unter:* http://www.zeif.org [24.03.2020].

Zieger, Andreas (2007). Wie viel Gehirn braucht ein Mensch? – Anmerkungen zum Anencephalie-Problem aus beziehungsmedizinischer Sicht. *Behindertenpädagogik, 46* (1), 52–66.

Ziemen, Kerstin (2018). *Didaktik und Inklusion.* Göttingen: Vandenhoeck & Ruprecht.

Zola, Irving Kenneth (1982). *Missing Pieces: A Chronicle of Living With a Disability.* Philadelphia: Temple University Press.

Zwengel, Almut (2014). Integration. In: Günter Endruweit, Giesela Trommsdorf & Nicole Burzan (Hrsg,), *Wörterbuch der Soziologie* (3. Aufl.) (S. 201–202). Konstanz: UVK.